경남도공무원을 위한 민사집행법 최근 쟁점들 쉽게 이해하기

수학연구사

목 차

머리말 ··· 1

Part 1. 학습의 기본 흐름 ·· 3

Part 2. 학습 포인트 ··· 5
  1. 경매개시결정 ·· 6
  2. 부동산 압류의 효력 ··· 8
  3. 강제경매개시결정에 대한 이의 ··· 10
  4. 경매신청의 취하 ·· 13
  5. 경매절차의 취소 ·· 18
  6. 매각절차에서의 승계 ··· 21
  7. 이중 경매 ··· 23
  8. 배당요구제도 ·· 26
  9. 무잉여로 인한 경매취소 ··· 27
  10. 일괄매각 ··· 29
  11. 현황조사 매각물건명세서 감정평가 ·· 31
  12. 배당이의 및 배당이의의 소 ·· 33
  13. 매각대금지급후의 처리 ·· 35
  14. 유체동산에 대한 강제집행 ·· 36
  15. 금전채권에 대한 강제집행으로서의 집행의 대상 ················· 41

16. 금전채권의 압류절차 ·· 44
17. 현금화 절차로서의 추심명령 ·· 50
18. 대체집행과 간접강제 ·· 51
19. 실질적 경매절차 ··· 52
20. 보전명령에 대한 구제수단 ·· 56
21. 보전집행에 대한 구제수단 ·· 60

Part 3. 학습 요령 ··· 67
1. 풀어내는 식으로 공부하기 ··· 68
2. 대화 내지는 대화체를 염두에 두고 생각하기 ···················· 73
3. 좋은 변화로 바뀌는 학습 주변 여건들이 변화 ··················· 76
4. 심리적으로 긍정적 변화가 찾아온다 ·································· 79
5. 지식을 돌출 정도로 하려면 노래 암기가 최고다 ··············· 81
6. 8진법 ·· 84
7. 전문 공부 ·· 90

머리말

암기가 정말로 중요하다

수험생들 중에는 암기가 중요하다는 것을 알면서도 그에 대한 신경을 쓰는 데 소홀한 사람들을 많이 본다. 심지어 속마음으로는 암기 나부랭이 이렇게 생각하는 사람들도 있다. 그러나 정말로 암기는 중요하다. 절대로 암기 나부랭이가 아니다. 거의 공부의 모든 부분을 암기에 신경써야 하기도 한다. 특히 암기가 되어야 내용도 나오고 이해도 나오는 시너지가 된다는 것을 기억해야 한다.

내가 뭐가 잘못되어서 전진이 없는지를 파악하지 못하고 공부하면 그것은 죄악이다

학습자 중에서 어떤 사람은 아무리 공부를 해도 별로 진전을 못 보는 사람들이 있다. 그것은 정말로 문제다. 내가 뭐가 잘못이 되어서 전진이 없는지를 파악해야 한다. 자신의 공부가 늘어지면 자신을 바라봐주는 여러 사람들에게 민폐이기 때문이다.

누구나 인생의 힘들 때가 있고 빠져나와서 즐거울 때가 있다

인생이 답이 없이 갑갑해 보이기만 하면 그것은 인생이 아니다. 인생은 드라마 같아서 올라갈 때도 있고 내려갈 때도 있다. 지금 인생이 괴로운가?

시험 때문에 공부 때문에 괴로운가? 이것을 극복해서 합격하면서도 즐거움이 있지만 그런 수험 생활 중에서도 또 올라가는 시기가 있다. 그래서 인생이다. 그런데 그런 사실을 깨달으면서도 망각하고 사는 게 바로 인생이다. 그래서 인생은 또 가치가 있기도 하다.

뉴스페이퍼 읽듯이 소설 읽듯이

특히 공부가 어려운 것은 책을 봐도 참으로 설명보다는 무미건조한 숫자와 글자 표의 나열 밖에는 없다는 사실이다. 학원이나 동영상강의도 좀 그런 부분이 매한가지인 부분이 있고 말이다. 실력의 함양에는 그 안에 들어있는 논리와 로직을 이해하는 게 중요한데 말이다. 그런 목마름과 갈증을 해결해 주기 위해서 여기에 있는 각론적 지식들에 대한 편한 글, 무거워도 그렇게까지는 무거운 게 아닌 글을 잘 들 읽어보기 바란다.

이번 책에서는 다룬 내용들

이번에는 경매에 대해서 많이 다루었다. 그러한 류에서의 경락 결정상의 문제들에 대해서도 많이 다루었다.

Part 1. 학습의 기본 흐름

-머릿속에 띄우는 것에 대해서 많이 생각해보자

사람들은 뇌를 잘 모른다. 뇌는 기본적으로 보이지 않는 무형체에 가깝다. 그러다 보니 사람들은 뇌의 활동과 기능에 대해서 잘 파악을 못하는 측면이 크다. 뇌는 기본적으로 연산기능과 기억기능을 가지고 특히 기억기능을 하기 위해서 저장과 재인기능을 가진다. 그런데 그런 지식의 띄워짐에 대해서 잘 인식을 하지 않다 보니 이런 스타링크가 보여주는 무에서 유의 기능에 대해서도 잘 인식을 못하고 그냥 무의 상태로 시험에 들어가는 사람들도 많이 있다.

-평소에 더 관찰의 레이더를 세우자

주변에서 생활에서 우리의 이해와 암기에 써먹을 재료들이 많이 나온다. 평소의 생활에 더 관심을 많이 가져보자.

Part 2. 학습 포인트

1. 경매개시결정

-신탁법 제21조 제1항 단서 소정의 신탁전의 원인으로 발생한 권리라 함은 신탁 전에 이미 신탁부동산에 저당권이 설정된 경우 등 신탁재산 그 자체를 목적으로 하는 채권이 발생된 경우를 말하는 것이고 신탁 전에 위탁자에 관하여 생긴 모든 채권이 이에 포함되는 것은 아니다. 이것은 상대방 보호를 위한 것인가?

최종이유적으로

이 규정은 누구를 보호하기 위한 것인가? 신탁 전부터 정당한 이해관계를 가진 제3자 (채권자 등) 보호 목적이라고 봐야 한다.

원문은 86다545이다

-경매법원이 경매개시결정의 등기가 기입된 이후 채무자표시경정결정을 하였으나 그 결정정본을 소유자에게 송달하지 않은 경우, 이미 생긴 압류의 효력에 영향이 없다

최종이유적으로

이미 경매개시결정의 등기가 기입되면 그로써 경매개시결정에 의한 압류의 효력은 이미 생긴다. 즉 좀 더 구체적으로 이야기하면, 경매개시결정 등기가 이미 기입되었다. 이는 부동산 압류의 효력이 발생한 시점을 의미합니

다. (민사집행법상 경매개시결정의 등기 기입으로 압류효력이 발생) 경매개시결정이 등기부에 기입되면, 그때부터 압류의 효력이 발생한다. 이것은 채무자가 누구인지 정확히 기재되었는지 여부와는 무관하다. 채무자의 표시가 잘못되었더라도, 사후에 정정이 가능하며, 정정결정 정본이 소유자(또는 이해관계인)에게 송달되지 않았더라도, 그로 인해 기존 압류의 효력이 영향을 받지는 않는다. 즉, 경매절차의 하자(송달 누락 등)로 인해 압류가 무효가 되지는 않는다는 취지이다.

원문은 2003다13116 판결 [소유권말소등기]

2. 부동산 압류의 효력

-부동산침해방지명령관련해서 법원이 금지명령이나 집행관 보관명령을 내리려면 채무자나 소유자이외의 점유자라면 심문을 해야 한다

1) 기본 암기

명령 이외 심문 : 명령이다비트피디 : 우리프로이외의 출연자는 미리 심문해야해

암기해설: 아주 독창적인 것의 프로그램아이디어를 빼 가는지에 대해서 심문한다.

2) 최종 암기

우리가 형사물 드라마나 영화에는 증거가 없다고 할 때 지워지거나 조각만 남은 지문하나만 증거로 남은 경우가 있다. 그런 경우를 이야기 하고 있다. 어쨌건 희미하건 반쪽만 있든 있는 것은 있는거다. 그것에 대해서 이야기를 하고 있다.

-부동산침해방지명령에서 침해방지조치로서 집행관에게 보관을 명하는 결정은 상대방에게 송달되기 전에도 집행이 가능하다

긴급한 보호 필요성 때문에 이렇다. 즉 부동산 침해 방지 명령은 주로 불법

점유, 사용 등의 침해 상황에서 피해자의 권리를 신속히 보호하기 위해 사용된다. 만약 상대방에게 송달되기 전에는 집행할 수 없다면, 상대방이 집행 전 침해 상태를 더 악화시키거나, 증거를 인멸하거나, 부동산을 훼손하는 등의 행위를 할 가능성이 있다. 그래서 실효성 있는 권리 보호 즉 결정의 실효성 있는 집행을 위해서는, 상대방에게 결정이 송달되기 전이라도, 즉 상대방이 아직 명령을 인지하기 전에도 즉시 집행할 수 있어야 침해를 효과적으로 방지할 수 있다.

그런데 구체적으로 부동산을 보관시킨다는 게 여기서 어떤 의미인가? 실제 물건처럼 부동산을 들고 보관하는 것을 말하는 것이 아니라, 부동산에 대한 점유나 사용을 제3자인 집행관에게 맡겨 침해를 방지하는 행정적·법적 조치를 의미한다. 즉, 현재 불법적으로 점유 중인 자가 있다면 그 점유를 배제하고, 집행관이 부동산을 직접 점유하거나 실질적으로 관리하도록 조치하는 것이다. 타인의 점유·출입 등을 막는 실질적 보호 조치로서, 집행관은 현장에 나가서 출입문을 봉인하거나, 경고문을 부착하거나, 물리적으로 출입을 차단하는 등 실효적 보호 조치를 취한다. 예시로서 갑이 불법으로 을의 토지를 점유하고 건축행위를 하고 있는 상황에서 을이 법원에 침해방지명령을 신청하고, 법원이 "해당 부동산을 집행관이 보관한다"는 결정을 내린 경우이다. 집행관은 해당 부동산에 출입 금지 조치를 하고 갑이 다시 들어오지 못하도록 차단하며 필요시 경찰 협조를 얻어 점유 해제 및 봉쇄 조치 등을 한다.

3. 강제경매개시결정에 대한 이의

-경매개시결정에 대한 이의의 신청은 개시결정을 한 집행법원에 한다. 매각허가여부에 대한 즉시항고로 인하여 기록이 항고심에 있는 경우에도 이의신청은 개시결정을 한 집행법원에 제시하여야 한다

경매개시결정에 대한 항고는 기록이 항고심에 있어도 이의신청은 개시결정을 한 집행법원에 제시하게 하는 이유는?

항고와 이의신청의 차이를 구별해서 봐야 한다. 전자를 항고 후자를 이의신청으로 해서 구별해서 제시해본다. 성질상 전자는 상소적 불복절차 절차 후자는 내적 이의제기, 대상은 전자는 법원의 결정 또는 명령, 후자는 집행법원의 처분 또는 절차 진행, 관할은 전자는 상급법원 (항고심), 후자는 당해 집행법원이다. 마지막으로 기능은 전자는 판결적 판단에 대한 불복한다.

후자는 절차의 합리성과 적법성 유지이다. 그래서 이의신청은 '절차의 내부 통제' 수단에 불과하다. 즉 이의신청은 경매절차 진행 중 절차적 하자나 부당함을 바로잡기 위한 수단이다. 이는 법원 내부 절차에 대한 자정작용이기 때문에, 최초 결정을 한 집행법원에 제기해야만 의미가 있다.

-강제경매신청에 대한 이의에서 경매신청요건에 대한 흠과 같은 절차적인 것만 이의가 가능하다, 실체적인 것은 되지 않는다. 이유는?

최종이유적으로

강제경매 절차는 집행권원(예: 확정판결, 공정증서 등)에 의해 이미 형성된 권리를 집행하는 절차이므로, 그 집행 절차 자체의 적법성만이 문제될 수 있고, 실체적 권리관계는 이미 확정된 것으로 간주되기 때문이다. 강제경매는 법원의 확정판결, 화해조서, 공정증서 등과 같은 '집행권원'에 근거하여 집행을 개시한다. 즉, 채권의 존부(존재 여부), 범위, 조건 등 실체법적 사항은 이미 심판을 통해 확정된 것이다. 이 단계에서는 "집행을 어떻게 실행할 것인가"만이 쟁점이다.

-선순위근저당권자가 담보권실행을 위한 경매신청을 함에 있어서 첨부한 등기부등본이 후순위 근저당권자의 근저당권이 마쳐지기 이전에 발급받은 것이어서 후순위근저당권자에 대한 매각기일의 통지 없이 진행되어도 위법하다고 볼 수는 없다. 그래서 이의사유가 되지 않는다.

최종이유적으로

어쩔수 없이 그 당시의 그 등기부만을 가지고 한 것이어서 크게 과실이 있는 사유라고 볼 수가 없기에 말이다.

-민사집행법 제268조에 의하여 담보권실행을 위한 경매절차에도 준용되므로 경매개시결정에 대한 형식적인 절차상의 하자를 이유로 한 임의경매 개시결정에 대한 이의의 재판절차에서도 민사소송법상 재판상 자백이나 의제자백에 관한 규정은 준용되지 아니한다고 할 것이다

최종이유적으로

민사집행법 제268조에 의해 담보권 실행을 위한 경매절차에도 준용되므로, 경매개시결정에 대한 절차상 하자를 이유로 한 이의절차에서는 민사소송법상 자백이나 의제자백 규정은 적용되지 않는다. 이 조항이 왜 존재하는가의 입법 취지를 보면, 임의경매는 채권자에 의한 일방적 절차로 개시되며, 민사소송처럼 당사자 간 쟁송 구조가 아님. 따라서 민사소송처럼 당사자 일방의 자백에 따라 사실을 인정하는 방식은 공익성과 절차의 형평성에 어긋날 수 있다. 집행법원은 실체 심리 없이도 기록에 따라 직권으로 판단하는 권한이 있음. 따라서 자백 규정을 적용할 필요가 없음. 즉 이러한 항목을 만나면 '하긴 여기는 양당사자의 재판구조는 아니겠구나' 하고 생각하고 가면 된다.

원문은 2015마813 결정 [경매개시결정] 민사집행법 제23조 제1항은 민사집행절차에 관하여 민사집행법에 특별한 규정이 없으면 성질에 반하지 않는 범위 내에서 민사소송법의 규정을 준용한다는 취지라 할 것인데, 집행절차상 즉시항고 재판에 관하여 변론주의의 적용이 제한됨을 규정한 민사집행법 제15조 제7항 단서 등과 같이 직권주의가 강화되어 있는 민사집행법하에서 민사집행법 제16조의 집행에 관한 이의의 성질을 가지는 강제경매 개시결정에 대한 이의의 재판절차에 있어서는 민사소송법상 재판상 자백이나 의제자백에 관한 규정은 준용되지 아니한다고 할 것이고, 이는 민사집행법 제268조에 의하여 담보권실행을 위한 경매절차에도 준용되므로 경매개시결정에 대한 형식적인 절차상의 하자를 이유로 한 임의경매 개시결정에 대한 이의의 재판절차에서도 민사소송법상 재판상 자백이나 의제자백에 관한 규정은 준용되지 아니한다고 할 것이다.

4. 경매신청의 취하

-근저당권에 기하여 경매신청이 있으면 그때까지 기본 계약에 의하여 발생되어 있는 채권으로 피담보채권이 확정되고 임의경매가 개시된 후에 경매신청이 취하돼도 그 확정의 효과는 그래도 간다. 취하되어도 다시 옛날로 돌아가지 않고 확정의 효과가 남아 있는 이유는?

최종이유적으로

이는 임의경매절차에서 매우 중요한 기준이다. 경매신청은 근저당권자가 더 이상 채권의 유동성을 유지할 의사가 없다는 신호로 해석되어, 이 시점에서 확정이 강제된다. 따라서 실체법적 권리관계의 안정성 확보 차원에서, 확정 후 경매신청이 취하되더라도 그 확정의 효력은 소멸되지 않고 유지된다.

다시 원래의 불확정 채권 담보상태로 돌아가게 되면 법률관계가 불안정해진다. 어떤 점에서 불완정해진다고 하는가? 근저당권은 따라서 언제 얼마가 피담보채권인지 정확히 알 수 없다. 그래서 담보의 범위가 유동적이다. 다시 불확정 상태로 돌아가면 왜 문제가 되나? 확정되면 근저당권이 담보하는 채권은 고정되므로, 다른 권리자(예: 후순위 근저당권자, 임차인)는 자신의 권리 범위를 예측할 수 있다.

그런데 확정 후 경매를 취하했더니 다시 불확정 상태로 돌아간다면, 후순위자 입장에서는 계속해서 피담보채권의 범위가 바뀌는 셈이다. 즉 피담보채권 범위가 늘어날 수 있어 채무자 보호에 반함 예를 들어, 경매신청 당시에는 1억만 빚지고 있었는데, 취하 후 다시 대출을 받아 2억으로 증가하면?

채무자는 더 큰 빚을 지게 되며, 근저당권자는 다시 2억을 담보한다고 주장할 수 있다. 그래서 법률관계가 불안정하다. 또한 경매절차 남용 우려도 있다. 만약 확정이 경매신청 취하로 소멸된다면, 근저당권자는 필요할 때마다 경매신청을 하여 채권을 확정시킨 후 불리하면 취하하는 방식으로 경매제도를 악용할 가능성 있다. 따라서 한 번 확정되면 돌이킬 수 없게 하여 제도의 남용을 방지하는 측면도 있다.

-후순위근저당권자가 경매를 신청한 경우 선순위근저당권자의 피담보채권은 매수인이 매각대금을 완납한시기 즉 근저당권이 소멸하는 시기에 확정된다. 그 의미와 이유는?

1) 기초암기

이를 외우기 위해서는 선순위와 완납을 같이 해서 외운다. 선순차방법(칼러티비의 방식 색을 세 개를 쏘는 방식)과 안남베트남을 같이 해서 외운다.

2) 최종이유적으로

근저당권의 경우에는 그 담보액이 정해져 있지 않고 최고한만 있는 가운데 어느 시점을 기준으로 정해지게 된다. 바로 그 시점이 경매를 통해서 그것도 나 자신에 의한 경매가 아니라 후순위권자에 의한 경매의 경우에는 바로 그 시점이 언제이냐 바로 대금완납시가 된다고 하는 것이다. 그래서 그때까지는 경매신청 이후에라도 연체된 것 등이 있으면 포함이 되고 반면에 상환한 게 있으면 까나가고 한다.

즉 이것은 남에 의해서 확정이 된다는 그런 타율적 측면보다는 오히려 그 때 까지 남에 의해서 완납이 될 때까지 계속 금액이 자유로이 늘고도 줄 수 있다는 자유성에 오히려 더 포인트가 있다고 생각하자.

-집행을 개시하는 결정이 송달된 후 경매신청이 취하되면 법원사무관등은 경매개시결정을 송달받은 채무자에게 취하사실을 통지해야 한다. 이해관계인에게는 아니다. 이해관계인부분을 안하는 취지나 깊은 뜻은?

최종이유적으로

먼저 그 이유로는 절차의 초기 단계이기 때문일 것이 크다. '경매개시결정'이 채무자에게 송달된 후라도 아직 경매는 본격적으로 진행되지 않은 단계일 수 있다. 이 단계에서 신청이 취하되면 사실상 경매 절차는 시작도 안 된 셈이다. 따라서 이때는 이해관계인의 권리나 이익에 실질적인 영향이 발생했다고 보기 어렵다는 점이 반영된 것이다. 즉 그래서 이해관계인의 절차 참가가 아직 시작되지 않았기에 굳이 뭐 통지를 하는가이다.

이들의 위치도 그렇다. '이해관계인'이라 함은 보통 소유자, 임차인, 근저당권자 등을 말한다. 그러나 이들은 경매개시결정이 공시(등기)되어 절차가 실질적으로 진행되기 전까지는, 경매절차에 관여할 위치에 있지 않는다. 따라서 이 시점에서 이해관계인에게까지 취하 사실을 통지하는 것은 행정력 낭비이고, 절차적으로도 불필요하다는 입장이다. 마지막으로는 이는 채무자 보호가 중심 목적이다. 경매가 개시되면 채무자에게는 심리적·경제적 압박이 크기 때문에, 채무자에게는 취하된 사실을 신속히 통지해 불필요한 불이익을 줄이는 것이 중요하다. 그러나 이해관계인은 아직 절차에서 권리를 주장하거나 방어할 기회를 얻은 단계가 아니기 때문에, 취하 통지가 급박하거나 필요하다고 보지 않는다.

-신청채권자로부터 변제유예를 받았음을 원인으로 한 임의경매개시결정에 대한 이의신청의 경우, 그 이의신청의 기한(=경락대금 완납시) 및 매수의 신고가 있은 후에는 그 이의신청에 최고가매수인 등의 동의를 요하는지 않는다. 이게 어떤 문제가 문제되는 문제 상황이고 그 해결의 논리는?

1) 최종이유적으로

채권자와 채무자 사이의 물권적 합의 또는 사정 변경이 경매를 무의미하게 만든 것이라면, 제3자의 동의 없이도 절차 중단 가능하다. 따라서 신청채권자가 채무자에게 변제유예, 즉 경매를 진행하지 않기로 사실상 합의한 경우, 경매의 실익이 사라진 것으로 평가된다. 이런 경우에는 채무자는 절차 진행 중이라도 경매개시결정에 대해 이의신청을 통해 중지를 요구할 수 있다. 그 이의신청을 받아들이는 데 최고가매수인의 동의는 필요 없다.

그런데 채권자와 채무자 사이의 물권적 합의 또는 사정 변경이 경매를 무의미하게 만든 것이라면, 제3자의 동의 없이도 절차가 중단 가능하다. 왜 이런가 이러면 최고가매수인이 너무 억울한 거 아닌가? 그러나 경매절차의 목적은 '담보권 실행'이고 경매는 사적으로 성립한 담보계약(저당권 등)을 국가의 공적절차로 실현해주는 장치다. 그런데 채권자 스스로 담보권을 더 이상 실행하지 않겠다(예: 변제유예), 또는 이미 실행할 이유가 사라졌다(예:

변제받음)면, 경매의 목적이 사라진 것이다. 그래서 절차 참여자의 보호는 제한적이다. 최고가매수인은 어디까지나 경매절차에 따라 입찰에 참여한 사람일 뿐이다. 그는 법적으로 소유권을 취득한 사람은 아니다. 아직 매각허가 결정도 나지 않았고, 경락대금도 완납되지 않았다면, 최고가매수인은 단순히 유력한 매수 후보자에 불과하다. 이런 상태에서 매각을 중지시키는 것은 소유권 침해가 아닌 절차 종료일 뿐이다.

2) 최종암기적으로

원문은 99마7385 결정 [부동산임의경매개시이의신청기각]: 신청채권자로부터 변제유예를 받았음을 원인으로 한 임의경매개시결정에 대한 이의신청의 경우, 민사소송법 제728조에 의하여 임의경매에 준용되는 민사소송법 제610조 및 민사소송규칙 제205조에 의하여 임의경매에 준용되는 민사소송규칙 제146조의3 제2항의 규정들은 경매법원이 경매절차를 필수적으로 정지·취소하도록 되어 있는 서류의 제출시기를 제한하는 규정일 뿐 임의경매개시결정에 관한 이의신청을 제한하는 규정이 아니고, 달리 민사소송법 및 민사소송규칙상 임의경매개시결정에 관한 이의신청을 제한하는 규정은 보이지 않으므로, 이해관계인인 채무자로서는 민사소송법 제728조, 제725조, 제603조의3에 의하여 경락대금 완납시까지는 그 이의를 신청할 수 있고, 매수의 신고가 있은 후에도 그 이의신청에 최고가매수신고인 등의 동의를 필요로 하지는 않는다 할 것이므로, 변제유예 사실이 인정된다면 그 이의신청이 신의칙에 반하거나 권리남용에 해당하는 경우와 같은 특별한 사정이 없는 한 이를 인용하여야 한다.

5. 경매절차의 취소

-소유권이전등기청구권의 가등기가 권리신고가 되지 않아 담보가등기인지 순위보전의 가등기인지 알 수 없는 경우라면 집행법원으로서는 이를 순위보전의 가등기로 먼저 봐서 그 부담이 인수될 수 있음을 기재하면 족하다. 그 논리는?

가등기의 성질 판단은 신고자 부담이다. 즉 가등기의 성질은 등기부만으로 판단이 어렵고, 그것이 담보 목적인지 실제 권리이전청구권 보전을 위한 것인지는 권리신고 또는 권리신고서류를 통해 입증되어야 한다. 권리신고가 없으면, 법원은 그것이 담보가등기라는 점을 추정하거나 추론해 줄 책임이 없다. 즉, "담보가등기"라고 주장할 자가 스스로 권리신고를 하지 않은 것이므로, 그 불이익은 그 당사자가 져야 하고, 법원은 "순위보전의 가등기"로 추정하여 인수되는 부담으로 기재하면 되는 것이다.

-제1,2순위의 근저당권 사이에 소유권이전등기청구권 보전을 위한 가등기가 마쳐진 부동산에 대해서 제2순위의 근저당권실행을 위한 경매절차의 매각허가결정전에 가등기에 대한 본등기가 마쳐졌다고 해도 매각허가결정이 확정되고 완납되면 가등기에 기해 본등기를 한 사람은 경매취소 신청을 할 수는 없다

최종이유적으로

이 문항은 법의 정신이 가등기자라도 앞서의 먼저의 저당권이 있으면 좀

더 정신 차리고 있으라는 취지가 된다. 즉 실행은 2순위저당권자에 의해서 되어도 그 기준은 1순위저당권을 기준으로 해서 보기에 그렇다.

-민사집행법상 경매절차에 있어서 근저당권설정자와 채무자가 동일한 경우 근저당권의 채권최고액은 민사집행법 148조에 의해서 배당받을 채권 자나 저당목적물의 제3취득자에 대한 우선변제권의 한도로서의 의미를 가질뿐이고 그 최고액의 범위에 한해서만 받는다는 것은 아니다. 그 의미나 취지는?

최종이유적으로

민사집행법 제148조는 "경매절차에서 근저당권자는 그 채권최고액의 범위 내에서 우선변제를 받을 수 있다."라고 규정되어 있다. 민사집행법 제148조의 문구만 보면: '채권최고액의 범위 내에서만 배당된다" 를 이걸 곧이곧대로 해석하면, 근저당권자는 실제 채권액이 더 크더라도 최고액까지만 배당받는다는 오해가 생긴다. 그러나 문제의 문장은 그런 좁은 해석은 틀렸다고 지적하는 것이다. 올바른 해석은 채권최고액은 '대외적 한도'일 뿐 즉 채권최고액은 담보의 한도이지, 배당의 상한이 아니라는 것이다. 근저당권은 계속적 거래를 담보하므로, 실제 채권액은 유동적이다. 민사집행법 제148조는 "타 채권자나 제3취득자에 대해" 우선변제를 받을 수 있는 한도를 말하는 것일 뿐이다.

-강제경매개시결정을 기각하거나 각하한 재판에 대해서는 즉시항고를 할수 있다. 어떤 논리가 있는가?

최종암기적으로

보호라는 것 외에 아주 뚜렷한 논리는 없어서 암기를 한다.

6. 매각철자에서의 승계

-임의경매에서 채무자 소유자가 이미 사망한 경우에 이를 간과하고 사망자를 그대로 채무자 소유자로 표시해서 경매개시결정을 했다면 이는 당연 무효는 아니다. 그 논리나 이유는?

최종이유적으로

경매개시결정은 '형식적 심사'에 기초한 절차개시 행위이다. 즉 법원은 임의경매 신청 시, 신청 요건만 형식적으로 심사하여 경매개시결정을 내립니다. 이때 채무자(소유자)의 사망 여부는 실체 심사의 대상이 아니며, 설사 오류가 있어도 절차 진행에는 영향을 주지 않는다. 즉, 실체관계(소유권이나 상속인 여부)가 절차 개시 단계의 유효성 판단 기준이 아니라는 점이 중요하다.

경매개시결정은 '처분 행위'가 아니라 '절차개시의 선언'이다, 경매개시결정은 소송에서의 판결처럼 권리·의무를 확정짓는 것이 아니라, 단지 경매절차를 개시하는 공적 선언이다. 따라서 일부 표시 오류(예: 사망자 표시)는 절차의 실체를 뒤엎을 정도의 하자라고 보기 어렵다. 오류는 정정 가능하고, 절차에 실질적 영향이 없다면 무효가 아니다. 경매절차 도중에 사망 사실이 밝혀지면, 법원은 직권 또는 이해관계인의 신청으로 상속인을 절차에 참가시킬 수 있다. 이 경우는 표시의 착오 또는 절차상의 하자일 뿐, 결정 자체의 법률적 효력까지 소멸시키는 중대한 하자(=당연무효)는 아니다. 즉, 사망자를 채무자로 적시한 잘못은 정정의 대상이지, 무효 선언의 대상은 아니다. 당연무효가 되려면 절차 전반에 치명적인 하자가 있어야 한다.

민사집행법 실무에서 '당연무효'는 매우 엄격하게 제한한다. 단순한 표시 착오나 심사 미흡 정도로는 절차 전체를 무효로 볼 수 없으며, 절차의 기초(예: 집행권원의 존재, 관할 부재, 집행불능 목적물 등)가 완전히 부존재하는 경우에 한정된다.

7. 이중 경매

-이중경매신청이 선행사건의 배당요구 종기 전에 있고 선행사건의 경매신청 취하가 매수신고가 있은 뒤에 있더라도 매각으로 효력을 잃지 않는 등기된 부동산에 대한 기재사항이 바뀌지 않으면 최고가매수신고인등의 동의를 받을 필요가 없다. 그 논리적 이유 설명은?

최종이유적으로

이 질문은 이중경매신청(先경매절차와 後경매절차가 병존)된 상황에서, 선행 경매절차가 매수신고 이후 취하되었을 때, 후행 경매절차에서 매각물건의 기재사항 변경 여부에 따라 최고가매수인의 동의가 필요한지 여부에 관한 논점이다. 결론적으로는 등기된 부동산에 대한 매각물건명세서상의 기재사항에 변경이 없으면, 설령 선행 경매절차가 매수신고 이후에 취하되었다 하더라도, 후행 절차에서 최고가매수신고인의 동의를 받을 필요는 없다.

민사집행법 제136조 제4항을 보면, "매각물건명세서에 기재된 사항이 변경된 경우에는 법원은 최고가매수신고인 등의 동의를 받아야 한다." 따라서 동의가 필요한 조건은 오직 하나이다. 매각물건명세서 기재사항의 변경 여부이다. 즉 "절차 변경 ≠ 대상 변경" 이다. 경매절차는 여러 건이 존재할 수 있어도, 물건은 동일하다. 경매가 이중으로 신청되더라도, 매각대상이 되는 부동산의 본질은 변하지 않는다. 그리고 매각물건명세서는 등기부에 근거한 기재이며, 등기부에 변경이 없으면, 기재내용도 변경되지 않는다. 따라서 절차상 선행 경매가 취하되었다고 해서 매각 대상 물건 자체가 달라진 것은 아니다. 그래서 동의는 불요하다.

선행 경매의 취하가 기재사항 변경을 수반하지 않으면 동의 불요하다 즉 선행사건이 취하되더라도, 그 취하로 인해 등기된 권리관계(예: 근저당권, 가압류 등) 부동산의 표시 임차권 등 물건 상태 이 중 어떠한 것도 변경되지 않았다면, 매각물건명세서의 기재사항도 변경이 없는 것이므로, 민사집행법 제136조 제4항의 동의 요건이 충족되지 않는다. 그것은 절차 안정성과 경매참가자의 신뢰 보호 때문이다. 매수신고가 있었고 매각대금 납부 등 중요한 절차가 진행되고 있다면, 절차의 예측 가능성과 신뢰가 중요하다. 그것이 특히 선행절차의 취하는 이미 후행절차에 영향을 주지 않는 시점이라면, 실체적 권리관계나 절차적 지위의 변화가 없으므로 동의를 다시 받을 필요가 없다.

특히 이 설문에서 이중경매신청이 선행사건의 배당요구 종기 전에 있고 이 표현을 언급하는 이유는? 문제 상황의 정합성과 후행 경매절차의 유효성을 설명하기 위해 꼭 필요한 전제 조건으로 언급된다. 왜냐하면 후행 경매신청이 '적법하게' 이루어진 유효한 절차임을 전제하기 위한 요건 설명이기 때문이다. "이중경매신청이 선행사건의 배당요구종기 전에 있고"라고 명시하는 이유는, 후행 경매사건이 독립된 사건으로서 적법하게 진행 중인 상태임을 전제하기 위해서이다.

-선행사건이 취소되어 경매절차를 후행사건으로 진행할 경우 후행사건이 배당요구종기 후에 신청되었다면 집행법원은 새로이 배당요구종기를 정하는데, 그에 따라서의 배당요구 또는 채권신고를 한 사람에게는 고지 또는 최고를 하지 않는다

최종이유적으로

이들은 배당요구를 '이미 적절히 행사한 자'이기 때문이다. 이들은 새로 정해진 배당요구종기에 따라 스스로 자신의 권리를 적법하게 행사한 자이다. 즉, 절차가 정당하게 공표된 뒤 자발적으로 참여한 채권자이므로 다시 최고하거나 고지할 필요가 없다. 이들은 절차 참여의 의사와 의지를 명확히 밝힌 이해관계인이다.

원래 '최고'는 권리 행사 유무가 불명확한 자를 대상으로 한다. 민사집행법 제149조 및 제150조에 따라 법원은 권리를 행사하지 않은 자에게 배당요구 최고나 채권신고 최고를 한다. 그러나 이 사안의 사람들은 새로 정해진 배당요구종기에 이미 스스로 권리를 행사한 자들이므로, 그 대상에서 제외되는 것이 당연하다.

8. 배당요구제도

-경매개시결정이 등기되기 전에 경료된 담보가등기권리가 매각에 의해서 소멸하는 경우 위 담보가등기권리자는 집행법원이 정한 기간 안에 채권신고를 해야만 매각대금을 배당받을 권리를 보유한다

최종이유적으로

이는 저당권 (근저당 포함)의 경우랑 비교를 하면 아주 쉽게 이해가 된다. 즉 민사집행법 제138조 제1항: "경매개시결정등기 전에 등기된 저당권자는 배당요구를 하지 않아도 배당받을 수 있다." 즉, 저당권은 법원이 직권으로 배당 대상에 포함시킨다. 배당절차에서 법원이 등기부를 조사해 저당권자 확인해서 채권최고액 또는 채권액에 따라 자동 반영한다. 반면, 담보가등기의 경우, 소유권이전청구권 보전을 위한 가등기는 등기부상 권리의 실질적 내용이 불명확하고 담보가등기인지, 순위보전인지 불분명한 경우도 많다. 따라서 채권자가 스스로 채권신고를 하여 '담보가등기'임을 밝혀야한다. 그래야 배당표에 반영 가능하다.

9. 무잉여로 인한 경매취소

-남을 가망이 없는데도 법원이 이를 간과하여 매각허가결정을 한 경우 채무자와 소유자는 즉시항고를 할 수 없다: 채무자 부분 암기

최종이유적으로

관련 법 조항은 민사집행법 제130조을 보면 즉시항고 사유는 제한적으로 열거되어 있다. 예를 들어 채권자가 없거나, 절차가 위법했거나, 이해관계인에게 중대한 손해가 있을 때 등이다.

그러나 "남을 가망이 없음", 즉 경매가격이 너무 낮다는 사유는 포함되어 있지 않다. 즉, "남을 가망이 없음"이란? 최저매각가격이 감정가보다 너무 낮고, 실질적으로 헐값 매각으로 볼 수 있어, "이건 도저히 정당한 매각이라고 볼 수 없다"는 주장이다. 예를 들어 감정가 10억 → 낙찰가 2억 → 이 경우 채무자(혹은 소유자)는 "이건 거의 공짜로 넘긴 거다! 말도 안 된다!"고 불복하고 싶어진다. 하지만 왜 항고할 수 없나? 가격은 경매의 본질이 아니다 (절차가 본질). 민사집행법은 가격의 적정성보다는 '절차의 적법성'을 중시한다. 감정가격은 어디까지나 참고일 뿐, 실제 낙찰가는 시장에 의해 결정된다. 낙찰가가 낮다고 해서 위법한 절차라고 볼 수는 없다. 경매절차의 신속성과 최종성 보장 때문이기도 하다. 매각가에 대한 불복을 인정하면 경매절차가 계속 지연되고, 낙찰자도 재산권을 안정적으로 확보하지 못하게 된다. 그래서 매각허가결정에는 제한된 항고 사유만 허용하고, 낮은 가격이라는 이유는 포함되지 않는다.

결국 소유자·채무자의 이익보다 공익이 우선이다. 경매는 채권자 보호와 공정한 절차 진행을 위한 공적 제도이다. 채무자의 "비싸게 팔고 싶다"는 사적 기대는, 경매절차의 공적 안정성보다 후순위로 취급된다.

그래서 여기서 간과라는 것은 정말로 법원이 뭐를 잘못했다고 생각하며 무리이고 그런 점은 그런 가격에 대한 점은 고려하지 않고 정도의 의미로 봐야 한다.

10. 일괄매각

-일괄매각결정은 매각기일이전까지 할 수 있다. 그 취지나 이유?

최종이유적으로

경매 절차의 예측 가능성과 입찰자 보호를 위해서다. 일괄매각결정이란? 경매에 붙여진 2개 이상의 부동산(예: 건물과 토지, 여러 필지 등)을 개별로 나누지 않고 한꺼번에 묶어서 매각하는 법원의 결정이다. 법률상 요건을 충족하고 이해관계인의 신청이 있는 경우 법원이 결정할 수 있다. 민사집행법 제71조, 제72조에서는 왜 '매각기일 전까지'로 시점을 제한할까? 입찰자 보호와 입찰 조건의 예측 가능성 확보 때문이다. 입찰자는 어떤 부동산이, 어떤 조건으로 매각되는지를 기준으로 입찰 전략을 세운다. 그런데 입찰 당일 또는 직전에 매각 방식이 갑자기 일괄매각으로 바뀌면, 입찰자는 준비하지 못하거나, 원하지 않는 조합의 부동산을 입찰하게 될 수 있다.

매각기일 당일 이후에는 법원이 임의로 경매 조건을 변경할 수 없다는 절차 원칙이 행해진다.
민사집행은 공정하고 일관된 절차가 핵심이다. 매각기일에 돌입하면 입찰 개시 → 입찰 종료 → 개찰 → 낙찰자로 넘어가므로, 그 이전에만 조건 변경이 허용되는 것이 타당하다.

-각각 경매신청된 여러 개의 재산 또는 다른 법원이나 집행관에 계속된 경매사건의 목적물에 대하여도 일괄매각결정을 할수 있다. 취지나 근거?

최종이유적으로

다른 법원·집행관 물건까지 포함 가능한 이유는 경매는 지역 관할 집행관별로 진행되지만, 법원이 서로 협의하고 조정하여 최종적으로 경제적 가치 보존과 경매 효율성을 위해 일괄매각할 수 있도록 허용한 것이다. 다만, 실제로는 관할 법원 간 협조, 채권자·채무자 동의 등 현실적 문제로 인해 까다로운 부분도 있으나 법률상 원칙적으로 가능하다는 점이 중요하다.

-건물공유자 1인이 그 건물의 부지인 토지를 단독으로 소유하면서 그 토지에 관하여만 저당권을 설정하였다가 저당권의 경매로 토지의 소유자가 달라지면 법정지상권이 성립한다

이 지문은 거의 민법에서도 자주 나오는 지문이기에 당연함으로 승부해서 알아둔다.

-동일인 소유 토지와 지상 건물에 공동저당권이 설정된 후 건물이 철거되고 새로 건물이 신축된 경우에는 법정지상권이 성립하지 않는다. 취지나 논리? 특히 당사자의 기대등과 관련해서 설명하면

"좋은 건물 들어서면 좋잖아"라고 누가 말할 수 있으나 그게 아니라, "내가 예상하지 못한 권리(지상권) 때문에 내 담보실행이 복잡해진다"는 법적 논리다.

11. 현황조사 매각물건명세서 감정평가

-경매대상 토지인 임야가 도시계획상 자연녹지지역 내에 설치된 공원으로서 그 사용수익에 있어서 공법상의 제한이 있는 경우 그 지상에 식재된 수목은 경제적 가치가 없는 게 아니기에 오직 토지가격만 평가함은 위법이다. 그 이유나 근거는?

최종이유적으로

평가를 하면서 공법상 사용이 제한된 토지라도, 그 지상에 식재된 수목이 독립된 경제적 가치를 가지는 경우에는 이를 무시하고 토지가격만 평가한 것은 위법이다. 대법원 2004.12.10. 선고 2004다38830 판결이다. 즉 공법상제한은 제한일뿐이어서 수목을 평가에 포함시켜야 한다. 즉 수목의 성질상 용도와 품종에 따라 토지와 분리된 독립재산으로 평가 가능하고, 공법상 제한은 단지 이용방법 제한일 뿐, 소유권이나 경제적 가치 자체를 무효화하지 않는다. 그래서 판례 등 입장도 경제적 가치 있는 수목은 별도 평가대상임이 명확히 인정된다.

-매각물건명세서는 매 매각기일 개시일 1주 전까지 작성하여 그 원본을 경매기록에 가철하여야 한다. 이때 현황조사보고서의 기재사항과 동일한 내용은 이를 인용하는 방법으로 해서는 안 된다. 그 근거나 취지?

최종이유적으로

매각물건명세서는 입찰자 보호를 위한 '사전 공시제도'의 핵심 문서이다. 이 문서에 명확하지 않게 작성되면, 낙찰자는 중요한 정보를 놓치고 고가 낙찰하거나 인도 불가능 물건을 낙찰받는 등 예상치 못한 손해를 입을 수 있다. 이런 경우 법원도 책임 소지에서 자유로울 수 없게 된다. 명확한 기재로 책임 분산, 법원 보호, 낙찰자 보호 목적 달성이 되어야 한다. 관련규정은 민사집행규칙 제84조 제2항이다. 즉 매각물건명세서는 구체적으로, 인용 없이 독립 작성되어야 한다.

12. 배당이의 및 배당이의의 소

-제3자 소유의 물건이 채무자의 소유로 오인되어 강제집행이 이뤄져도 그 제3자는 배당이의의 소를 제기할 수는 없다. 그 이유나 취지는?

최종이유적으로

법문에서 또는 배당이의의 제도적 취지가 바로 해당자 또는 해당 원고를 채권자 또는 채무자로 한정을 하고 있다. 그래서 이 제3자는 안 되게 되는 것이다. 제도가 그런데 어쩌겠는가? 다른 방법으로 해야지, 배당이의 제도 자체가 경매를 뒤흔드는 제도이기에 그 당사자를 한정적으로 만든 것이다.

「민사집행법」 제149조 (배당이의의 소)는 "배당에 참가한 채권자 또는 채무자"만이 배당이의의 소를 제기할 수 있다. 여기서 제3자는 채권자도 아니고, 채무자도 아니므로 법적으로 배당이의의 당사자 자격(원고적격)이 없습니다. 그럼 제3자는 어떻게 구제받나? 제3자는 "제3자 이의의 소"를 통해 권리를 보호받아야 한다. 즉 민사집행법 제31조 제3자 이의의 소는 강제집행의 목적물이 자기 소유임에도 불구하고 채무자의 재산으로 잘못 집행된 경우, 제3자는 그 집행을 배제하거나 배당에서 제외해달라는 취지의 소를 제기할 수 있다.

즉, 제3자가 주장해야 하는 것은 "이 물건은 애초에 채무자의 것이 아니며, 집행 자체가 위법하다"는 것이므로 배당표를 고치는 소송(배당이의)이 아니라 집행 자체를 배제시키는 소송(제3자 이의의 소)를 제기해야 한다.

-배당이의의 소 관련해서 집행력 있는 집행권원의 정본을 가지지 아니한 채권자(가압류 채권자를 제외한다) 에 대해서 이의한 채무자는 배당이의 소 즉 청구이의의 소가 아니라 배당이의의 소를 제기하여야 한다. 그 논리는?

최종이유적으로

배당이의의 소는 배당표에 대해 형성력(수정·변경)을 구하는 소송 (민사집행법 제149조)이고 청구이의의 소는 집행권원에 기초한 집행 자체를 다투는 소송 (민사집행법 제44조)이다. "어떤 채권자가 집행권원(예: 확정판결 등) 없이 배당에 참여"한 경우 집행권원이 없다는 건 아직 법적으로 확정된 채권인지 불분명하다는 의미다. 이 채권자에게 배당금이 돌아가는 것에 이의를 제기하려는 경우, 채무자는 청구의 존재 자체를 다투는 것이 아니라, 배당표라는 배당계획 자체의 정당성을 다투는 것이다. 즉 이 사람은 집행을 처음에 일으켜서 온 게 아니라 남의 집행에 끼어서 온 자이기에 아예 청구이의의 소를 제기할 건덕지가 없다. 따라서 집행권원이 없는 채권자에 대해서는 집행행위 자체가 아니라 배당표 변경이 쟁점이므로 배당이의의 소를 제기해야 한다. 즉 이때 원고가 제대로 지정할 피고로서는 정본을 가지지 않는 자도 피고로 넣을 수 있기에 원고에게 편하다.

13. 매각대금지급후의 처리

-대지권에 대한 지분이전등기를 해주기로 하는 약정 하에 수분양자에게 전유부분에 대한 소유권이전등기를 마쳤으나 대지에 대한 소유권이전등기를 마치지 않은 상태에서 제3자가 경매절차를 통해서 전유부분을 매수한 경우 매수인이 대지사용권을 취득한다. 근거와 논리는?

최종이유적으로

이때 매수인에게 권리가 인정되는 근거는 가장 확실하게는 민법 제366조 법정지상권 유추 적용 (법정대지권 개념 포함)을 생각해 볼 수 있다. 이는 전유부분(건물)이 존재하고 그것을 지탱하는 대지가 따로 소유되어 있는 경우, 분리 처분되었더라도 일정 요건 하에 사용권이 인정된다. 왜 이런 해석이 가능한가? 논리 구조를 보면, 대지권은 전유부분의 종속물권적 성격이다.

구분소유 건물(예: 아파트)에서 대지는 전유부분을 사용하는 데 필수불가결한 요소다. 따라서 전유부분을 취득하면, 그에 당연히 부속된 대지사용권도 함께 취득하는 것이 법리적 균형에 맞다.

그래서 법정지상권유사라는 것을 잘 외워두고 들어가면 쉽게 답을 낼 수 있다.

14. 유체동산에 대한 강제집행

-97다34273 에 따르면, 민사소송법 제527조의2는 채무자와 그 배우자의 공유에 속하는 유체동산은 채무자가 점유하거나 그 배우자와 공동점유하는 때에는 같은 법 제527조의 규정에 의하여 압류할 수 있다고 규정하고 있는 바, 위와 같은 규정은 부부공동생활의 실체를 갖추고 있으면서 혼인신고만을 하지 아니한 사실혼관계에 있는 부부의 공유 유체동산에 대하여도 유추 적용된다. 그 취지나 현실적 이유는?

최종암기적으로

아주 현실적인 취지나 이유가 보이지 않기에 암기를 하도록 일단 노력해서 확실화를 기한다.

실혼 유체-실온에서 유체를

물리시간에 유체역학에서 많이 나오는 소리이다. 강의 중에 많이 나오는 말이다. 아주 능숙히 많이 빈번히 많이 나오는 조건이다.

-채무자 이외의 자의 소유에 속하는 동산을 경매한 경우에도 대금을 납부한 자는 소유권을 취득한다. 그 논리와 이유?

최종이유적으로

이는 기본적으로 강제집행의 공정성과 거래 안전 확보를 위해서이다. 집행절차의 목적은 채권자 보호와 신속한 권리 실현이다. 만약 경락인이 물건의 소유자가 채무자가 아니라는 이유로 소유권을 취득하지 못한다면, 경매제도의 안정성이 훼손되고, 경매 참여가 위축될 수 있다. 따라서 경매를 통해 얻은 권리에는 사적 권리관계보다 우선하는 공신력이 인정된다. 거기에 동산의 공시제도 부재도 한몫 한다. 동산은 부동산과 달리 등기제도가 없기 때문에, 소유자가 누구인지 외관상 명확하지 않다. 이러한 현실에서 집행관은 채무자의 점유나 현실적인 처분 가능성을 근거로 집행을 진행한다. 만약 집행의 외관을 신뢰한 선의의 경락인에게 소유권을 인정하지 않으면, 집행제도 자체가 무력화될 수 있다. 그게 다 결국 제3자의 보호와도 연결이 된다. 경매는 법원이 주관하는 절차이며, 경락인은 법원을 신뢰하고 대금을 납부한 제3자이다. 경락인의 보호를 위해, 특별한 사정이 없는 한 소유권을 취득한 것으로 본다는 입장이 정립되어 있다.

단 이것을 완전하게 보기 위해서 진정한 소유자가 집행절차에 이의를 제기하거나, 제3자이의소나 청구이의의 소를 제기하여 승소하면, 경락인은 소유권을 취득하지 못할 수 있다. 또는 압류 자체가 명백히 위법한 경우에는 경락효 자체가 부정될 수 있다.

-유체동산에 대한 이중압류의 종기로서 민사집행법 215조 1항의 매각기일에 이르기 전은 실제로 매각이 된 매각기일에 이르기 전을 의미한다. 이때라는 근거와 그럼 이때 말고 비교가 되는 시기가 있는가? 그럴싸한 시기 말이다.

최종이유적으로

핵심조문인 민사집행법 제215조 제1항에서 보면 "여러 채권자가 동일한 목적물에 대하여 각각 강제집행을 신청한 경우에는 매각기일에 이르기 전에는 이를 하나의 집행절차로 하여 집행관이 동시에 집행하게 하며, 매각기일 이후에는 집행을 나중에 신청한 채권자의 집행절차는 배당절차에 참가하지 못한다." 여기서 쟁점은: "매각기일에 이르기 전"이란? 이다.

"매각기일에 이르기 전"이란 단순히 예정된 매각기일의 '날짜'가 아니라, 실제로 매각이 이루어지는 시간을 기준으로 한다는 입장이 다수설 및 판례의 입장이다. 실제 매각행위가 기준이어야 실질적 보호가 가능하다. 매각은 특정 시각(예: 오후 2시)에 집행관 입회 하에 현장에서 진행된다. 따라서 동일 날짜라도, 매각행위가 시작되기 전까지는 다른 채권자의 집행 신청이 가능해야 형평에 맞는다. 안 그러면 만약 단순히 "매각기일 날짜"만 기준이면, 해당 날짜에 집행 신청했음에도 매각 시작 전이었는데도 참여 배제되는 불합리한 결과가 발생한다. 즉 만약 단순히 "매각기일 날짜"만 기준이면, 해당 날짜에 집행 신청했음에도 매각 시작 전이었는데도 참여 배제되는 불합리한 결과 발생한다. 이 말은 매각당일을 의미하는가? 그렇다 "만약 단순히 '매각기일 날짜'만 기준이면, 매각기일 당일에, 아직 매각이 개시되기 전 시점에 집행신청을 했더라도, '날짜' 기준만으로는 이미 매각기일이 도래했기 때문에 배당절차에 참여할 수 없게 되는 불합리한 결과가 발생한다."

-법원은 직권으로 또는 당사자가 신청하면 채권자와 채무자의 생활형편, 그 밖의 사정을 고려하여 유체동산의 전부 또는 일부에 대한 압류를 취소하도

록 명하거나 제195조의 유체동산을 압류하도록 명할 수 있다. X-당사자의 신청만 허용된다. 그 이유는?

최종이유적으로

이는 채권자와 채무자의 사정에 따른 것이다 즉 원래부터 법에 있는대로 바로 취소하는 식의 요건 탈루적 취소가 아니다. 그래서 취소에는 신청만 받는다.

-집달관이 물건을 압류하여 채무자에게 보관시키는 경우에 봉인 기타의 방법으로 압류를 명확히 하는 것은 압류의 효력발생요건이라 할 것이며, 압류의 표지가 명확하지 않은 경우의 압류는 무효일 뿐만 아니라 오히려 불성립에 속한다고 할 수 있으므로 위와 같은 하자를 추후에 집달관이 보정하여 경매하였다고 해서 그 흠이 치유되는 것은 아니다. 그 취지는?

최종이유적으로

이 사건은 원문을 보면 덩굴차를 압류한 것으로서의 소위 덩굴차사건이다. 그래서 이것은 그 사실관계가 동종의 물건 중 일부만을 압류하면서 이를 유형적으로 구별하여 놓지 아니하고 일괄공시의 방법으로 품목과 수량을 기재한 데 그친 공시서를 창고 벽에 붙여서 한 압류의 효력(무효) 및 이를 기초로 진행된 경매절차의 효력을 말한다.

원문은 민사집행법 제196조 ①법원은 당사자가 신청하면 채권자와 채무자의 생활형편, 그 밖의 사정을 고려하여 유체동산의 전부 또는 일부에 대한 압류를 취소하도록 명하거나 제195조의 유체동산을 압류하도록 명할 수 있다.

15. 금전채권에 대한 강제집행으로서의 집행의 대상

-2014. 7. 10. 선고 2013다25552 에따르면 2011. 4. 5. 법률 제10539호로 개정된 민사집행법(이하 '개정 민사집행법'이라 한다)에서 신설된 제246조 제2항은, 압류금지채권이 금융기관에 개설된 채무자의 계좌에 이체되는 경우 더 이상 압류금지의 효력이 미치지 아니하므로 그 예금에 대한 압류명령은 유효하지만, 원래의 압류금지의 취지는 참작되어야 하므로 채무자의 신청에 의하여 압류명령을 취소하도록 한 것으로서 개정 민사집행법 제246조 제3항과 같은 압류금지채권의 범위변경에 해당하고, 위 조항에 따라 압류명령이 취소되었다 하더라도 압류명령은 장래에 대하여만 효력이 상실할 뿐 이미 완결된 집행행위에는 영향이 없고, 채권자가 집행행위로 취득한 금전을 채무자에게 부당이득으로 반환하여야 하는 것도 아니다. 여기서 압류금지채권이 금융기관에 개설된 채무자의 계좌에 이체되는 경우 더 이상 압류금지의 효력이 미치지 아니하므로 라고 하는데 그럼 그전에 이체되기 전에 어느 상태까지는 압류를 못하고 왜 이때부터 하게 하는가?

최종이유적으로

그럼 거의 전부 계좌로 받는데 이러면 다 압류로 뺏기는 거잖아? 그렇다. 현실적으로 요즘 급여나 연금 대부분이 계좌로 입금되기 때문에, 이체된 이후에는 압류금지채권도 압류가 가능해지는 구조다. 그렇다면 "생계 보호"는 어떻게 보장되나? 민사집행법에서 별도로 정한 최저생계비 보호 규정이 있다. 예금 채권에 대해서도 일정 금액은 압류하지 못하도록 최저생계비를 보호한다. 즉, 계좌에 돈이 입금돼도, 최저생계비에 해당하는 금액만큼은 압류가 제한되어 채무자가 최소한 생활할 수 있도록 보장한다.

-2006다33586 판결 에 따르면, 보조금은 국가나 지방자치단체가 특정한 사업을 육성하거나 재정상의 원조를 하기 위하여 지급하는 금원으로서, 그 금원의 목적 내지 성질, 용도 외 사용의 금지 및 감독, 위반 시의 제재조치 등 그 근거 법령의 취지와 규정 등에 비추어 국가 혹은 지방자치단체와 특정의 보조사업자 사이에서만 수수·결제되어야 하는 것으로 봄이 상당하므로, 보조금청구채권은 양도가 금지된 것으로서 강제집행의 대상이 될 수 없다. 이 결론의 취지는?

최종이유적으로

보조금이 이루려면 공적 목적달성이 힘들 수 있는 점이 가장 큰 이유로 떠오른다.

-2000마5252 에 따르면, 지방공무원법 제66조의2 제1항, 지방공무원명예퇴직수당등지급규정 제3조, 제4조, 제5조, 제7조 등의 규정에 비추어 보면, 20년 이상 근속한 공무원이 그 정년퇴직일 전 1년 이상의 기간 중 자진 퇴직하는 때에는 예산상 부득이하여 그 지급대상범위와 인원이 제한되는 경우 및 위 지급규정 제3조 제3항에 정해진 결격사유가 없는 한 명예퇴직수당 지급신청을 하여 그 지급을 받을 수 있으므로, 20년 이상 근속한 지방공무원의 경우에는 명예퇴직수당의 기초가 되는 법률관계가 존재하고 그 발생근거와 제3채무자를 특정할 수 있어 그 권리의 특정도 가능하며 가까운 장래에 발생할 것이 상당 정도 기대된다고 할 것이어서, 그 공무원이 명예퇴직수당 지급대상자로 확정되기 전에도 그 명예퇴직수당 채권에 대한 압류가 가능하다고 할 것이고, 그 공무원이 명예퇴직 및 명예퇴직수당 지급신청을

할지 여부가 불확실하다거나 예산상 부득이한 경우 그 지급대상범위가 제한될 수 있다는 것 때문에 그것이 가까운 장래에 발생할 것이 상당 정도 확실하지 않다고 볼 것은 아니다. 그래서 압류가가능하다. 보통 이런 것들이 압류가 안 된다고 한 것에 비하면 이 판시는 왜 이런 태도?

최종이유적으로

이게 명예퇴직수당인 점이 크게 작용했다. 즉 그냥 퇴직수당과는 다르게 본 것이다.

-자동차손해배상보장법에 따른 피해자의 보험금청구권은 그 금액에 상관없이 이를 압류할 수 없다. 이 말은 맞는 말인데 이 말과 동법 10조의 피해자의 보험금의 직접청구권은 어떤 관계인가?

최종이유적으로

피해자의 보험금 청구권에 대한 압류금지가 기본적인 뼈대로서 지금 민집법에서 문제가 된다. 그래서 그거 빼앗지 말고 피해자에게 주라는 것이고 그 피해자가 요구할 수 있는 근거 권리가 바로 동법 제10조의 피해자의 보험금 직접청구권이 된다. 이 규정은 피해자가 가해자에게 직접 청구하지 않고도, 보험회사에 직접 보험금 지급을 요구할 수 있게 하여 보상 절차를 간소화하고 피해자의 권리를 실질적으로 보장하기 위한 것이다.

16. 금전채권의 압류절차

-2007다90760 전원합의체 판결에 따르면 사용자와 근로자가 매월 지급하는 월급이나 매일 지급하는 일당과 함께 퇴직금으로 일정한 금원을 미리 지급하기로 약정(이하 '퇴직금 분할 약정'이라 한다)하였다면, 그 약정은 구 근로기준법(2005. 1. 27. 법률 제7379호로 개정되기 전의 것) 제34조 제3항 전문 소정의 퇴직금 중간정산으로 인정되는 경우가 아닌 한 최종 퇴직시 발생하는 퇴직금청구권을 근로자가 사전에 포기하는 것으로서 강행법규인 같은 법 제34조에 위배되어 무효이고, 그 결과 퇴직금 분할 약정에 따라 사용자가 근로자에게 퇴직금 명목의 금원을 지급하였다 하더라도 퇴직금 지급으로서의 효력이 없다. 그런데 근로관계의 계속 중에 퇴직금 분할 약정에 의하여 월급이나 일당과는 별도로 실질적으로 퇴직금을 미리 지급하기로 한 경우 이는 어디까지나 위 약정이 유효함을 전제로 한 것인바, 그것이 위와 같은 이유로 퇴직금 지급으로서의 효력이 없다면, 사용자는 본래 퇴직금 명목에 해당하는 금원을 지급할 의무가 있었던 것이 아니므로, 위 약정에 의하여 이미 지급한 퇴직금 명목의 금원은 같은 법 제18조 소정의 '근로의 대가로 지급하는 임금'에 해당한다고 할 수 없다. 이처럼 사용자가 근로자에게 퇴직금 명목의 금원을 실질적으로 지급하였음에도 불구하고 정작 퇴직금 지급으로서의 효력이 인정되지 아니할 뿐만 아니라 같은 법 제18조 소정의 임금 지급으로서의 효력도 인정되지 않는다면, 사용자는 법률상 원인 없이 근로자에게 퇴직금 명목의 금원을 지급함으로써 위 금원 상당의 손해를 입은 반면 근로자는 같은 금액 상당의 이익을 얻은 셈이 되므로, 근로자는 수령한 퇴직금 명목의 금원을 부당이득으로 사용자에게 반환하여야 한다고 보는 것이 공평의 견지에서 합당하다. 즉 2분의 일만 가능하다는 것이다,

최종이유적으로

상황은 이러하다. 근로자의 퇴직금채권과 사용자의 부당이득반환채권은 서로 상대되는 채권이다. 지급된 금액이 퇴직금으로서 인정되지 않아 부당이득반환채권이 생긴 경우, 이 채권은 법적으로 인정되는 자동채권이다. 따라서 사용자는 이 부당이득반환채권을 근로자의 퇴직금채권과 상계할 수 있다는 것이 판례와 학설의 일반적 견해다. 사용자가 부당이득반환채권을 행사하여 퇴직금 채권과 맞바꾸는 게 가능하다는 의미이다. 그래서 상계의 허용범위는 상계할 수 있는 금액은 부당이득반환채권의 범위 내로 한정된다. 즉, 사용자가 이미 지급한 금액 중 부당이득으로 인정된 부분만큼 상계가 가능하다. 그 외 근로자가 추가로 청구하는 퇴직금 채권 금액이 있다면 그 부분은 별도로 지급해야 한다.

-96다54300에서 금전채권에 대하여 압류 및 추심명령이 있었다고 하더라도 이는 강제집행절차에서 압류채권자에게 채무자의 제3채무자에 대한 채권을 추심할 권능만을 부여하는 것으로서 강제집행절차상의 환가처분의 실현행위에 지나지 아니한 것이며, 이로 인하여 채무자가 제3채무자에 대하여 가지는 채권이 압류채권자에게 이전되거나 귀속되는 것이 아니므로, 이와 같은 추심권능은 그 자체로서 독립적으로 처분하여 환가할 수 있는 것이 아니어서 압류할 수 없는 성질의 것이고, 따라서 이러한 추심권능에 대한 가압류결정은 무효이며, 추심권능을 소송상 행사하여 승소확정판결을 받았다 하더라도 그 판결에 기하여 금원을 지급받는 것 역시 추심권능에 속하는 것이므로, 이러한 판결에 기하여 지급받을 채권에 대한 가압류결정도 무효라고 보아야 한다. 이 판시에서 추심권능을 소송상 행사하여 승소확정판

결을 받았다 하더라도 그 판결에 기하여 금원을 지급받는 것 역시 추심권능에 속하는 것이다. 이렇게 말하는 것의 상황적 의미는?

최종이유적으로

문제가 되는 부분은 이렇게 이해가 된다. 추심명령을 받은 압류채권자가 제3채무자에 대해 소송을 제기해서 승소 확정 판결을 받았다. 그러면, 겉보기에는 이제 '승소판결'이라는 별도의 권리가 생긴 것처럼 보인다. 그러나 판례는 이 승소판결조차도 원래의 추심권능에서 파생된 것으로 본다. 따라서 이 승소판결에 따라 제3채무자가 지급할 금전채권도 여전히 추심권능의 범주 안에 있는 것이다. 그러니 이 승소판결로 인해 지급받을 금전채권에 대해 다른 채권자가 가압류를 해도 그 가압류는 무효이다. 한마디로 독립한 권리처럼 보이지만 용 빼는 일을 해도 즉 소송을 해서 확정판결을 받아도 그것은 독립한 권리가 아니라는 이야기다.

-2012다41359 판결 [추심금] [공2015상,783] 에 따를 때, 채권의 압류는 제3채무자에 대하여 채무자에게 지급 금지를 명하는 것이므로 채무자는 채권을 소멸 또는 감소시키는 등의 행위를 할 수 없고 그와 같은 행위로 채권자에게 대항할 수 없는 것이지만, 채권의 발생원인인 법률관계에 대한 채무자의 처분까지도 구속하는 효력은 없다. 그런데 계약 당사자로서의 지위 승계를 목적으로 하는 계약인수의 경우에는 양도인이 계약관계에서 탈퇴하는 까닭에 양도인과 상대방 당사자 사이의 계약관계가 소멸하지만, 양도인이 계약관계에 기하여 가지던 권리의무가 동일성을 유지한 채 양수인에게 그대로 승계된다. 따라서 양도인의 제3채무자에 대한 채권이 압류된 후 채

권의 발생원인인 계약의 당사자 지위를 이전하는 계약인수가 이루어진 경우 양수인은 압류에 의하여 권리가 제한된 상태의 채권을 이전받게 되므로, 제3채무자는 계약인수에 의하여 그와 양도인 사이의 계약관계가 소멸하였음을 내세워 압류채권자에 대항할 수 없다. 여기서 '채권의 발생원인인 법률관계에 대한 채무자의 처분까지도 구속하는 효력은 없다.' 이 말의 좀 더 자세한 의미?

최종이유적으로

압류는 채권 자체를 동결시키는 효과가 있지만, 계약 자체를 처분하거나 변경하는 것을 금지하지는 않는다. 그러나 계약의 변경이 압류채권자에게 불이익을 주는 결과로 이어진다면, 그 효과는 제한된다. 따라서 압류 이후의 계약인수는 허용되지만, 계약인수로 인해 압류 자체의 효력을 무력화할 수는 없다.

-2013마2429 결정 [채권압류및추심명령]에서 보면, 채권압류 및 추심명령에 대한 즉시항고는 집행력 있는 정본의 유무와 그 송달 여부, 집행개시요건의 존부, 집행장애사유의 존부 등과 같이 채권압류 및 추심명령을 할 때 집행법원이 조사하여 준수할 사항에 관한 흠을 이유로 할 수 있을 뿐이고, 집행채권의 소멸 등과 같은 실체상의 사유는 이에 대한 적법한 항고이유가 되지 아니한다. 그런데 채무자 회생 및 파산에 관한 법률에 의한 면책결정이 확정되어 채무자의 채무를 변제할 책임이 면제되었다고 하더라도, 이는 면책된 채무에 관한 집행권원의 효력을 당연히 상실시키는 사유는 되지 아니하고 다만 청구이의의 소를 통하여 그 집행권원의 집행력을 배제시킬 수

있는 실체상의 사유에 불과하다. 또한 면책결정의 확정은 면책된 채무에 관한 집행력 있는 집행권원 정본에 기하여 그 확정 후 비로소 개시된 강제집행의 집행장애사유가 되는 것도 아니다. 따라서 채무자 회생 및 파산에 관한 법률에 의한 면책결정이 확정되어 채무자의 채무를 변제할 책임이 면제되었다는 것은 면책된 채무에 관한 집행력 있는 집행권원 정본에 기하여 그 확정 후 신청되어 발령된 채권압류 및 추심명령에 대한 적법한 항고이유가 되지 아니한다. 여기서 상황에 대한 설명과 결론의 근거?

최종이유적으로

결국 여기서도 집행법 전반에 흐르는 '이 판시를 할 때의 법원은 형식적인 것만 보는거야'의 논리가 적용되는 문제이다. 채무자가 회생절차에서 면책을 받았더라도, 채권자는 기존의 집행권원을 들고 강제집행을 시도할 수 있다. 다만, 채무자는 그 집행을 막으려면 즉시항고가 아니라 청구이의의 소를 제기해야 한다. 법원이 압류 및 추심명령을 내릴 때는 실체상 채무가 남아 있는 지까지 따지지 않는다. 즉 형식적 요건만 검토하기에 말이다. 그러니 문제가 있으면, 청구이의의 소를 제기하라는 것이 판시의 결론이다.

-91다12233 판결 [전부금등]을 보면, 일반적으로 금전채권의 압류에 관하여 특히 피압류채권의 수액에 특별한 제한을 둔 바 없다면 압류의 효력은 채권 전액에 미치는 것이며, 압류가 경합된 채권에 대한 전부명령은 그 효력이 없다. 이 말의 상황적 의미는?

최종이유적으로

채권자가 전부명령을 받고 싶다면 압류의 우선순위 확보가 매우 중요하다. 압류 경합이 발생하면, 전부명령으로 채권을 확정적으로 넘겨받는 것이 불가능하므로, 실익을 얻으려면 배당요구 절차나 배당소송으로 대응해야 한다. 여기서 우선순위확보가 중요하다고 함은 빨리 하라는 의미이다. 여기서 말하는 "압류의 우선순위 확보가 중요하다"는 말은 본질적으로 "누가 먼저 압류했는지가 결정적인 의미를 갖는다"는 뜻이고, 그 의미는 곧 "빨리 압류를 해야 유리하다"는 실무적 메시지를 담고 있다. 전부명령을 받을 수 있는 채권자는 '압류가 경합되지 않은 상태'에서만 가능하다. 누군가 먼저 압류했으면, 후속 압류자들은 전부명령을 받지 못하고, 단지 배당에 참여할 수 있을 뿐이다. 즉, 전부명령이라는 '단독 확정귀속 효과'는 선압류자만 누릴 수 있는 특권이다.

17. 현금화 절차로서의 추심명령

-압류채권에 대한 추심명령을 받아 추심금청구소송을 제기, 진행 중 청구금액을 감축한 것은 취하된 부분의 청구를 포기하였다고는 볼 수 없다. 그 논리적 이유는?

최종이유적으로는

원문을 보면 압류채권에 대한 추심명령을 받아 추심금청구소송을 제기, 진행 중 청구금액을 감축한 것은 소의 일부취하를 뜻하는 것이고 취하된 부분의 청구를 포기하였다고는 볼 수 없으며, 위 채권압류는 추심하고 남은 잔여채권에 대하여 그 효력을 지속하는 것이다. 대법원 1983. 8. 23. 선고 83다카450 판결 [전부금] 이다. 그래서 이 부분은 생각을 하면서 '그렇겠구나, 이거 일부청구취하겠구나'하는 정도로 좀 가벼이 새기고 가도 암기가 된다.

18. 대체집행과 간접강제

-대체집행의 결정은 변론 없이 할 수 있다. 다만 채무자를 심문하여야 한다. 그 논리적 이유?

최종이유적으로

대체집행도 빠르게 진행이 되어야 할 강제집행절차이다. 그래서 느리지 않고 빠르게 진행은 하되, 그래서 변론 없이도 할 수 있게 해서 빨리한다. 다만 채무자에게 일정한 절차적 권리 보장은 필요하다. 그래서 심문을 한다. 대체집행은 채무자에게 상당한 불이익(예: 제3자가 자신의 비용으로 자기 재산을 철거하거나 변경)을 줄 수 있으므로, 채무자의 방어권 보장 차원에서 최소한의 절차로 심문을 요구한다. 심문은 재판처럼 양 당사자의 공개적 변론이 아니라, 채무자 본인에게 입장을 진술할 기회를 부여하는 절차다.

19. 실질적 경매절차

-저당권자는 설정된 부동산 전부에 대해 경매를 청구할 수 있지만, 전세권자는 전세권 목적물 범위를 벗어나면 경매권이 없다. 이 말의 취지나 근거는?

최종이유적으로

저당권자는 "담보물 전체에 대한 가액 확보"를 목적으로 하므로, 설정된 부동산 전체를 대상으로 경매가 가능하다. 전세권자는 "정해진 공간(목적물)의 사용과 전세금 반환 확보"만 가능하므로, 그 공간 외에는 경매권이 없다는 것이 민법의 체계에 부합한다. 즉 두 개의 목적이 다르기에 말이다.

-2001마212에 따르면, 건물의 일부에 대하여 전세권이 설정되어 있는 경우 그 전세권자는 민법 제303조 제1항의 규정에 의하여 그 건물 전부에 대하여 후순위권리자 기타 채권자보다 전세금의 우선변제를 받을 권리가 있고, 민법 제318조의 규정에 의하여 전세권설정자가 전세금의 반환을 지체한 때에는 전세권의 목적물의 경매를 청구할 수 있는 것이나, 전세권의 목적물이 아닌 나머지 건물부분에 대하여는 우선변제권은 별론으로 하고 경매신청권은 없으므로, 위와 같은 경우 전세권자는 전세권의 목적이 된 부분을 초과하여 건물 전부의 경매를 청구할 수 없다고 할 것이고, 그 전세권의 목적이 된 부분이 구조상 또는 이용상 독립성이 없어 독립한 소유권의 객체로 분할할 수 없고 따라서 그 부분만의 경매신청이 불가능하다고 하여 달리 볼 것은 아니다. 이렇게 안 된다고 보는 근거나 취지는?

최종이유적으로

저당권은 원래 성질이 부분에 있어도 담보적 효과 때문에 전부에 대해서 경매청구를 해서 그 중 자기 부분에 대해서 우선변제를 받는 게 가능하다. 그러나 전세권은 일부에 대해서 설정이 도면 그 권리도 그 일부의 용익에 대한 것이 우선이기에 일부자가 전부에 대해서 경매를 청구할 수는 없다. 이는 저당권과 비교해서도 명백하다.

-2004다29279에 따르면, 피담보채권을 저당권과 함께 양수한 자는 저당권 이전의 부기등기를 마치고 저당권실행의 요건을 갖추고 있는 한 채권양도의 대항요건을 갖추고 있지 아니하더라도 경매신청을 할 수 있으며, 채무자는 경매절차의 이해관계인으로서 채권양도의 대항요건을 갖추지 못하였다는 사유를 들어 경매개시결정에 대한 이의나 즉시항고절차에서 다툴 수 있고, 이 경우는 신청채권자가 대항요건을 갖추었다는 사실을 증명하여야 할 것이나, 이러한 절차를 통하여 채권 및 근저당권의 양수인의 신청에 의하여 개시된 경매절차가 실효되지 아니한 이상 그 경매절차는 적법한 것이고, 또한 그 경매신청인은 양수채권의 변제를 받을 수도 있다. 이때 왜 채권양도 요건이 필요 없는 현실적인 이유는?

최종이유적으로

경매는 물권(저당권)의 실행 절차이기 때문에 말이다. 즉 경매는 어디까지나 저당권이라는 물권을 실행하는 절차다. 저당권은 채권과 결합되어 있기는 하지만, 그 자체가 독립된 물권이다. 따라서 저당권 이전등기가 마쳐지면,

새로운 저당권자는 그 물권에 기초하여 단독으로 경매를 신청할 수 있다. 이때 중요한 건, 그가 진정한 저당권자라는 외형을 갖추었는지 여부이지, 채무자가 채권양도를 인지했는지는 경매개시 요건과는 무관하다는 것이다. 즉, 저당권이 유효하게 이전되었고, 등기상 저당권자로 되어 있다면, 형식상 저당권자로서의 권한을 인정해 경매를 허용하는 것이 경매 실무의 일관된 태도이다. 채권양도의 대항요건은 '채무자에 대한 사적 대응 요건'에 불과하다고 본다. 민법 제450조에 따르면, 채권양도는 채무자에게 통지하거나 채무자가 승낙해야 제3자(채무자)에게 대항할 수 있다. 하지만 이 조항은 어디까지나 채무자가 누구에게 갚아야 하는지를 판단하는 기준일 뿐이며, 경매신청이라는 공적인 절차에는 직접 적용되지 않는다.

또한, 절차적 통제 장치가 이미 마련되어 있기 때문도 중요한 이유가 된다. 채무자는 경매가 개시되었을 때, "채권양도 통지를 받지 못했다"는 점을 들어 이의신청이나 즉시항고를 통해 다툴 수 있다. 이 경우에는 채권 및 저당권 양수인이 대항요건을 갖추었음을 증명해야 하므로, 결국 사후적으로 통제할 수 있는 장치가 존재한다. 그러니 일단 경매는 저당권만으로 진행시킨다,

-금융회사부실자산 등의 효율적 처리 및 한국자산관리공사의 설립에 관한 법률에 따른 송달특례는 임의경매의 경우에만 적용되고 강제경매에는 적용되지 않는다. 그 이유는?

최종이유적으로

임의경매는 민사집행법에 송달규정이 존재하지 않는다. 임의경매(담보권 실행 경매)는「민사집행법」제261조 이하에 따라 진행된다. 그런데 민사집행법은 임의경매 절차에서 채무자 등에 대한 송달에 관한 명시적인 규정을 두고 있지 않기 때문에, 송달 방식이 불명확하고 다소 복잡한 실무 문제가 존재했다. 따라서 이를 보완하기 위해 특별법인 한국자산관리공사법에서 송달특례를 규정한 것이다. 즉, 송달 방식이 모호한 임의경매 절차의 효율성을 높이기 위한 목적으로 특례가 도입된 것이다. 반대로 강제경매는 민사집행법상 송달규정이 이미 명확하다. 강제경매는 민사집행법상 엄격한 절차와 송달 규정이 존재한다.

그럼 왜 임의경매는 민사집행법에 송달규정이 존재하지 않음과 같은 현상이 생기는가? 임의경매는 '자기 책임하의 신청' 원칙이 강하고, 채무자에 대한 통지를 민사집행법이 아닌 '법원실무 내지 기타 법률'에 위임했기 때문에, 민사집행법 내에는 명시적 송달규정이 존재하지 않게 된 것이다. 임의경매의 본질은 "담보권의 실행"이다. 즉 임의경매는 채권자(보통 금융기관)가 담보권(예: 근저당권)을 행사하는 절차다. 그래서 따라서 민사집행법에서는 공권력적 강제집행과는 달리, 절차를 덜 엄격하게 설계했다.

20. 보전명령에 대한 구제수단

-토지에 대한 부당한 가압류집행으로 그 지상에 건물을 신축하는 내용의 공사도급계약이 해제됨으로 인한 손해는 특별손해이다. 논리와 근거?

최종암기적으로

도급 특별-특별 도금-특별 순금 도금

그냥도 아니고 순금 즉 24케이로 도금을 하려면 18케이도 아니고 특별한 도금이다.

-보전처분신청절차에서 이뤄진 선정당사자 선정의 효력은 보전처분취소신청에서는 미치지 아니한다. 논리적 이유?

최종이유적으로

보전처분신청에서 선정된 당사자는 보전집행을 수행할 권한을 임시로 부여받았지만, 이는 집행절차에 한정된 '사실상의 대표권' 성격이다. 즉, 선정당사자의 권한은 한정적이고 임시적이며, 본안소송 또는 취소신청 등 독립된 절차에서의 당사자능력과 동일시할 수 없다. 취소신청절차에서는 당사자가 누구인지, 누가 적법한 이해관계인인지를 다시 판단할 필요가 있다. 선정당사자의 지위가 자동승계되면, 취소절차의 당사자 적격 및 공정한 재판권 보장이 훼손될 우려가 있다. 즉 보전처분은 좀 임시적이고 가벼운 것으로 보고 보전처분취소신청은 본안의 진짜 권리자까지를 가리는 아주 실질적인 것으로 본다. 그래서 이것 두 개는 성격이 달라서 같이 되지 않는다.

-합의재판부가 한 개인 1심법원에 합의신청사건이 접수되었는데 법관 중 일부가 출장 중이거나 제척되는 등으로 재판부 구성이 불가능한 경우 재판장은 보전처분신청에 대한 재판을 할 수 있다. 근거와 논리?

최종이유적으로

민사소송법 제59조(합의재판부와 단독재판부)에서는 합의부가 심리해야 할 사건이라도, 보전처분에 관한 사건은 단독재판부가 관할한다고 규정되어 있다. 즉 보전처분은 신속성을 요하기 때문에 합의부의 심리 지체를 막기 위함이다. 또한 민사소송법 제61조(재판장 권한)d[서는 재판장은 법원장으로서 보전처분 등 긴급한 필요가 있는 경우 단독으로 재판할 수 있다고 되어 있다. 그래서 이 경우는 이런 규정 두개를 타고 와서 가능한 방향으로 해석을 하면 된나.

-보전처분은 신속성을 위하여 보전처분의 송달 전에도 집행을 할 수 있다. 근거와 이유는?

실효성 확보를 위해서 가능하다고 본다. 딱히 설명이나 판시에서 두드러지고 인상적인 이야기는 없다

-채권자가 제기한 본안소송에서 채권자의 2회 불출석으로 그 본안소송이 취하간주 되더라도 그 자체만으로는 사정변경이 있다고 볼 수는 없다. 그래서 사정변경에 의한 가압류 취소의 대상이 아니다. 그 근거와 취지는?

최종이유적으로

채권의 존재가 부정된 것이 아니므로, 가압류의 실익은 여전히 있다. 소 취하 간주는 곧바로 채권 자체가 부존재하거나 실효되었다는 것을 의미하지 않는다. 채권자는 동일한 청구를 가지고 다시 본안소송을 제기할 수 있다. 따라서 가압류를 해제할 정도로 사정이 본질적으로 변경되었다고 볼 수 없어서 가압류 취소의 대상이 아니다.

-소유권이전등기말소청구권을 피보전권리로 하여 처분금지가처분결정을 받은 다음 청구의 기초에 변경이 없는 범위 안에서 그 가처분이의절차에서 가처분신청이유에 예비적으로 시효취득으로 인한 소유권이전등기청구권을 추가할 수 있다. 뭐가 문제가 되고 그 논리는 어떻게 되는가?

최종이유적으로

원래는 되지 않는다. 그러나 예비적 주장으로 한정하는 조건으로만 허용한다. '예비적'으로만 주장한 경우, 주된 피보전권리가 무효가 되거나 부족한 경우를 대비한 보충적 기능으로 보아, 절차 남용이나 권리 혼란의 우려가 적다는 점이 고려된다. 법원이 실제로 판단하는 권리는 여전히 '소유권 귀속'이라는 동일한 핵심을 갖는다. 피보전권리는 실체적 권리 그 자체이지만,

실무상 법원은 이를 전체 분쟁 구조 속에서 실질적으로 판단한다. 즉, 기초적 사실관계 및 분쟁의 실체가 동일한 경우에는 일정한 한도 내에서 주장의 확장을 허용한다.

-채무자는 가압류가 집행된 뒤 3년간 본안소송이 제가되지 아니한 때는 가압류의 취소를 신청할 수 있다. 이는 제삼자도 신청이 가능하다. 이중에서 제3자부분에서 왜 제삼자도 가능하게 하는가?

최종이유적으로

왜 제3자도 신청할 수 있는가? 논리적 이유를 따져보면 제3자도 가압류로 인해 직접적인 불이익을 받을 수 있다. 가압류는 채무자의 재산에 대해 이루어지지만, 해당 재산에 대해 권리를 주장하는 제3자(예: 제3취득자, 소유자, 담보권자)도 가압류 때문에 권리행사에 제한을 받을 수 있다. 제3자가 소유권을 가진 부동산이 채무자 명의로 되어 있어 가압류되었을 경우, 소유자인 제3자도 손해를 입게 됨 그래서 본안소송이 제기되지 않은 채 수년 동안 가압류 상태가 지속되면, 제3자의 권리나 재산상 이익이 침해될 수 있다. 이 경우 본안소송도 없이 가압류가 장기간 유지되는 것은 권리남용 소지가 있어 제3자에게도 취소 신청을 허용한다. 이 사람은 소극적 소송 당사자는 아니지만, 실질적 이해관계자이다. 제3자는 명시적 당사자는 아니지만, 가압류 목적물에 대해 실질적 이해관계를 가진 사람이라면, 법원에 취소를 신청할 자격(적격)을 가질 수 있다.

21. 보전집행에 대한 구제수단

-해방공탁으로 인한 가압류집행취소결정은 확정되지 않아도 고지와 동시에 효력이 있다. 왜 그런가?

최종이유적으로

가압류집행취소결정은 '형성적 재판'이기 때문에, 확정 여부와 관계없이 고지와 동시에 효력이 발생한다. 해방공탁과 가압류 집행취소 결정의 구조를 보면, 해방공탁이란? 채무자가 가압류를 해제하려면, 가압류 채권자의 청구금액 상당의 금전 또는 보증을 공탁하는 제도이다. 이는 가압류의 잠정적 성격에 부합하는 절차로, 담보만 확보되면 집행을 풀 수 있게 해주는 제도이다. 해방공탁이 유효하게 이루어졌다면, 법원은 가압류 집행의 취소를 결정한다. 이 결정은 형성적 결정(형성판결의 성질)을 가지며, 즉시 효력 발생한다. 왜 '확정' 전에도 효력이 발생하나? 형성판결의 일반원칙 때문이다. 형성판결(형성적 재판)은 법률관계를 변경·형성·소멸시키는 재판이다. 대표적인 예로 이혼 판결, 채권양도 금지 해제 결정, 가압류 집행취소 결정 등이다. 이런 형성판결은 확정을 기다릴 필요 없이, 판결이나 결정이 고지된 시점에 법률효과가 발생한다. 확정은 분쟁종결이지만, 그러나 형성적 효과는 판결 고지 즉시 발생한다.

그럼 이런 형성판결은 상소와의 관계는 어떻게 되나? 형성판결도 상소가 가능하며, 상소가 제기되면 확정은 되지 않지만, 형성판결의 효력 자체는 상소 제기와 관계없이 '우선' 발생한다. 즉, 효력 발생과 확정은 별개 문제입니다. A가 항고심에서 승소하면 형성판결은 소급하여 무효화된다. 그래서 상소의 효과는 '소급적 취소' 가능성을 가지고 간다. 즉 형성판결은 고지 즉시 효력이 발생하지만, 상소심에서 그 결정이 취소되면, 형성효과는 소급적으로 무효가 된다. 다시 가압류 상태로 회복된다. 그래서 실무에서는, 형성판결에 불복하는 자는 즉시 항고하고, 필요하면 집행정지 신청(민사소송법 제395조 등)을 하기도 한다. 공평하게 말이다.

-가압류해방공탁금은 이를 공탁케 하는 목적이 피보전채권의 강제집행을 보전하는데 있다. 이 말의 좀 더 자세한 의미?

최종이유적으로

"가압류 해방공탁을 하면 가압류가 풀리는 건데, 그런데 왜 '강제집행을 보장한다'고 하나?" 해방공탁은 본안판결 후에 채권자가 바로 공탁금에 대해 강제집행(집행권원으로써의 집행)을 할 수 있도록 보장하는 것이다. 즉, 가압류 상태는 풀리지만, 채권자는 공탁된 금전이라는 대체재산에 대해 강제집행권을 확보하게 된다. 결국, 채권자는 "원래 채무자의 동산에 대한 직접적인 강제집행" 대신에, 공탁금에 대해 즉시 강제집행이 가능하도록 권리가 보장된다. 그래서 강제집행을 보전한다는 말의 의미는 강제집행을 계속 유지하게 하는 것이지 우선변제권이 있는 것은 아니다라는 말의 의미를 가진다.

-보전처분의 취소신청 당시에 본안소송이 항소심에 계속된 때는 항소심의 전속관할에 속한다. 따라서 취소소송이 제1심법원에 잘못 제기된 경우에는

관할위반을 이유로 사건은 항소심법원에 이송하여야 한다. 그 논리와 이유는?

최종이유적으로

본안 소송과 보전처분의 관계를 먼저 본다. 보전처분은 본안 소송의 결과를 효과적으로 보전하기 위한 부속적 조치이다. 보전처분의 취소 또한 본안 소송과 밀접히 연결되어 있다. 그래서 전속관할의 개념으로 민사소송법 제28조는 "본안 소송이 항소심에 계속 중일 때, 보전처분에 관한 소송은 그 항소심 법원이 전속관할을 가진다"고 규정한다. 이는 본안 소송과 보전처분 소송 간의 절차적 일관성과 효율성 확보를 위한 것이다. 취소소송을 제1심에 잘못 제기한 경우, 법원은 관할 위반을 이유로 당연히 소를 각하하지 않고, 관할 법원인 항소심 법원으로 사건을 이송해야 한다 (민사소송법 제32조). 그 이유는 본안 소송의 항소심 법원이 보전처분 취소사건까지 포함하여 통일적·일관적 판단을 할 수 있도록 한다. 다른 법원(제1심 법원)이 판단할 경우, 절차의 혼란과 법적 불안정 초래하고, 본안 판결의 집행과정에도 지장 발생 가능하기에 그렇다 .

-상속채권자가 상속 승인, 포기 등으로 상속관계가 확정되지 않은 동안 상속인을 상대로 상속재산에 관한 가압류결정을 받아 이를 집행할 수 있다. 그 논거나 이유는?

최종이유적으로

상속재산 보전을 위한 필요성 때문에 상속재산은 상속인들이 확정되기 전이라도, 채권자가 자신의 권리를 보전하기 위해 신속히 처분을 막고자 하는 필요가 있다. 상속재산이 함부로 처분·소멸되면 채권회수가 어려워지므로, 가압류라는 임시조치로 재산을 묶어 두는 것은 권리보호 차원에서 인정된다. 또한 상속재산은 '상속인 공동재산'과 유사한 법적 성격이다. 상속인이 확정되지 않았더라도 상속재산은 상속인들의 공동관리 대상이 되는 점에서 이를 대상으로 한 가압류는 가능하다고 본다. 민사집행법 및 상속법 취지로 봐도 민사집행법은 집행가능한 권리를 가진 채권자가 집행보전이 필요하면 가압류를 통해 신속한 권리보호를 인정한다. 상속법상 상속인이 확정되지 않았더라도, 법적으로는 상속재산을 관리·처분하는 자에 대한 집행이 허용되어야 한다는 점이 작용한다. 상속인의 확정 지연이 채권자에게 불리한 결과를 초래하지 않도록 하기 위함이다. 상속인의 승인·포기 여부가 채권자의 권리 행사에 장애가 되어서는 안 된다. 따라서 상속재산에 대한 가압류 집행을 통해 채권자의 권리 보전을 실질적으로 보장한다.

원문은 2021다224446 판결

-구분소유권의 객체로서 적합한 물리적 요건을 갖추지 못한 건물의 일부를 낙찰받은 경우, 낙찰자의 소유권 취득은 인정되지 않는다. 그 근거와 취지?

최종이유적으로

구분소유권의 물리적인 것은 당연한 전제이다. 즉 소유권을 인정해주고 싶어도 그게 인정을 받을 전제가 되어 있지 않은데 어떻게 받을 수 있나? 그것은 말이 되지 않는다.

원문은 99다46096 판결 [건물명도등]

-가압류채무자가 가압류 이후 가압류청구금액을 공탁하고 그 집행취소결정을 받았다면, 가압류채무자는 적어도 위 가압류집행으로 인하여 위 공탁금에 대한 민사법정이율인 연 5푼 상당의 이자와 공탁금이율인 연 1푼 상당 이자의 차액 상당의 손해를 입었다고 할 것이다. 이 말의 정확한 의미와 근거는?

최종이유적으로는

상황은 가압류채무자가 가압류를 당한 것이다. 가압류채무자는 가압류 집행을 막기 위해 가압류청구금액 상당을 공탁한다. 이후 법원에서 가압류 집행 취소 결정이 내려진다. (즉, 가압류가 부당했음이 인정됨) 그러면 그 결과 이자율 차이로 인한 손해 발생된다고 봐야 한다. 공탁금은 공탁금이율(연 1푼, 즉 1%)만큼 이자가 붙는다. 그러나 민사채무에 대한 법정이율(민사법정이율)은 연 5푼(5%) 정도로 더 높다. 따라서 가압류채무자가 공탁한 금액에 대해 법정이율에 비해 훨씬 낮은 이자만 받으면서 실제로는 '놓친 이자수익' (법정이율과 공탁이율 차이)만큼 손해를 입게 된다.

좀 더 근거를 보면, 민사법정이율 및 공탁금이율 차이에서 민사법정이율(민법 제527조): 통상 연 5% (5푼) 수준이고 공탁금이율(공탁법 제19조): 보통 연 1% (1푼) 수준이다. 법정이율이 공탁금이율보다 크기에 차액만큼 이자

손실 발생으로 봐야 한다. 즉 공탁이라는게 공탁을 하고 나면 그 뒤로 해서 나중에 공탁금을 찾을 때 이자 즉 연1푼의 기준으로의 이자를 지급받는다. 그것은 까고 매기는 손해가 정확한 손해라는 것이다.

원문은 대법원 1992. 9. 25. 선고 92다8453 판결 [손해배상(기)]

Part 3. 학습 요령

1. 풀어내는 식으로 공부하기

-의미

이는 난해한 지문 내용을 더 내용을 술술 풀어주는 의미를 가진다. 특히 기본적으로 객관식으로 주어지는 문제풀이 명제가 맞고 틀림에 대한 판단에서 작용이 된다. 이는 유명한 서울대 법대 C 교수방법에 해당한다. 누구인가에게 설명하듯이 이야기 하는 게 제일 좋은 방법이라는 식의 설득이다.

-순순한 흐름

말이 흐름이 스스로 보기에 그리고 남들이 보기에도 참 순순히 설명해준다는 느낌이 들게 해야 한다. 그냥 마구가 아니라 말이다.

-평면적으로 보던 책과 그 설명을 다 뜯어내는 느낌

1) 기본 의미

지금의 과정은 다 하나하나 새로 뜯는 것이다. 새로 뜯어내는 것이다. 필자의 내용설명을 보면 아마도 여러분들이 아 이것은 기존의 교과서에서는 잘 나오지 않은 표현인데 쉽다. 그게 바로 그런 식으로 그 설명을 다 뜯어내는 느낌으로 접근하는 것이다. 혹시 아주 부분 부분은 사람의 감정에 따라서는 다소는 좀 두서 없기는 해도 필자의 설명으로 좀 쉽게 이해를 하고 가는 것은 된다고 느끼게 될 것이다. 그게 바로 자연스러운 것이고 쉬운거다.

2) 더 풀어내는게 더 짧아지는 것이다

역설적이지만 고수들은 안다. 더 풀어내는 것이 더 풀어헤치는 것이 더 오히려 짧아지는 것이 된다.

-설명 논리를 잘 만들기

1) 기본 의미

풀어냄은 결국 설명의 논리이다. 술술 풀어줘야 한다.

2) 그야말로 말 같아서 좋게 된다

지금 구축되는 게 말 같아서 좋다고 느끼면 그것은 제대로 공부되는 것이다. 그리고 굉장히 안정되니 지금 며칠째 해도 크게 동요가 없다면 말이다. 큰 불만이 없이 계속 진행되게 말이다.

-기서결식 사고도 중요하다

그냥 마구 이야기 하는 것보다 아주 간략한 것이라도 기서결식 사고로 이야가 한다, 물론 시험장에 가면 그런 호흡을 할 시간이 많지 않으니 말이다.

-잘 될수록 자신의 근거 학습파일 서브노트가 튼실해 보인다

스스로 파일이 좀 부실부실해보이는 면이 있었는데 이제는 좀 더 간다는 식으로 해서 더 튼실하게 느껴지도 든든해져서 스스로 의지할 수준이 된다.

-문제집과 별도의 자기 학습파일의 기능이 확실하게 잘 분리가 된다

문제집 등이 지저분해지지 않고 깔끔해진다. 과거에는 이렇게 뭐가 많이 붙은거 보면 언제 다하기 아 이건 뭐지 개념이 생기는데 잘 마스터가 되면 내용의 핵심이 개념으로 바뀐다.

-하나의 소 테마에 자신이 스스로 이야기할 거리가 좀 자연스럽게 붙는다

뭔가를 내가 테마에서 이야기를 해봐야지 하고 시도를 할 때도 그게 자연스럽지 못하면 그것을 억지로 외워야 할 대상으로 생각하게 되는데 그러지 않고 자연스럽게 자신에게 설명으로 아니면 설명하는 능력으로서 존재하게 느낀다.

-결정적 한두마디가 이해와 본질을 파고 들어간다

1) 기본 의미

좋은 지식은 절대로 장황하지 않다. 중요한 거 한두말인데 그게 좀 숨겨져 있는거 아닌가? 스스로도 잘 표현한 것을 보면 아, 그게 그렇게 연결이 되는구나, 그게 그런 큰 뜻이 있구나하고 생각하게 된다.

2) 이거냐 저거냐에서의 강력한 한방

이거냐저거냐의 갈등상황에서 강력한 한방도 의미가 있고 중요하다. 한쪽으로 갈 수밖에 없는 좀 더 과격한 표현도 섞어가면서 쓰면 기억도 남고 논리도 산다.

-효율적인 논리를 만들수록 암기의 부담은 덜하다

그전의 공부들은 설명논리가 희박하니까 자꾸 끄나풀을 가지고 외우려고 아등바등하게 됨을 느낄 것이다. 그러나 설명논리가 좋으니 명문대 C 교수식으로 하면 깔끔히 설명이 되니, 기억적 아등바등이 없어짐을 느낀다,

-이렇게 술술 풀어내지 않으면 너무 어려운 과목들은 풀어내기가 너무 힘들다

어려운 과목일수록 논리와 유기성이 중요하다. 그래서 이렇게 술술 풀어내지 않으면 너무 어려운 과목들은 풀어내기가 너무 힘들다. 그야 말로 돌 씹는 기분이다. 그러기에 반드시 이렇게 논리로 술술 가게 풀어내야 한다.

-나름 평석가라고 생각하고 자신있게 적어보자

틀려도 좋다. 어차피 학습을 위한 것이다. 나름 평석가처럼 생각하자. 유연하고 논리적으로 잘 설명하는 데에 도움을 준다.

2. 대화 내지는 대화체를 염두에 두고 생각하기

-의미

지식을 풀어냄에 있어서 대화는 기본이다. 마치 소크라테스와 플라톤이 대화를 통해서 진리에 이른 것처럼 대화는 그런 기본을 가진다.

-질문과 답 구조

우리도 무엇인가를 읽어가면서 어떤 정보를 흡수해가면서 그것에 대해서 모르는 것이 나옴은 어찌보면 아주 당연한 것이다. 그것을 해결하는 가운데에서 답이 나오고 그게 그 학습의 정수가 된다.

-유능한 강사들의 비유

유능한 강사는 그것을 공부하는 학습자들이 무엇을 모르는지에 대해서 아주 잘 아는 사람이 된다. 그런 포인트를 일단 잘 알고거기에 어떤 이야기를 해줘야 좋아할지에 대해서 잘 이야기 해주는 사람이 좋은 강사가 된다.

-계속 자신의 표현을 가다듬어야 한다

특히 뛰어나다고 자타가 공인하려면 그 직관적 해설 꿰뚫는 용어들이 되어야 한다. 그러기 위해서 계속 가다듬고 정돈을 해야 한다.

-좋은 대화법이 되려면 좋은 질문이 나와야 한다

학습자인 나의질문요령과 접근이 나쁘지 않으니 좋은 대답이 나오게 된다. 이런 질문들이 또 새로운 지식의 페러다임이 된다. 기존의 책들에서 해주지 않았던 것 말이다.

-스스로 단정하고 외부로 표출해 보임의 우수성

그런 것을 자신의 파일에 담아서 노트에 담아서 외부로 표출을 하면 스스로 꽁하게 가지고 있던 것들의 지식이 달라짐에 대해서 느끼게 된다.

-묻다보니 이해되고 묻다보니 합격이다

말 그렇게 된다면 아주 좋은 시스템이고 그간의 학습체계를 부정하는 것이다. 이제는 누가 잘 질문을 세우는가가 중요한 것이 된다. 이런 페러다임이 되면 해당 시험에 대한 접근도 최근 몇년에 뭐가 바뀌는 것이고, 극단적으로 학원도 필요 없게 되고 하는 상황이 된다.

-질문받아주는 선생님

우수학생들은 말한다. 아, 과외선생님까지는 필요 없고 질문 받아주는 분이 있으면 좋겠다고 하고 말이다. 특히 고교시절의 최난제 과목인 수학 등에서는 말이다. 그런 마음으로의 자문자답 또는 대화식 공부를 지향한다.

-감정적 단어를 써서 표현해도 된다

'흥'같은 단어를 써도 된다. 학습의 목적만 달성한다면야. 흥 같은 사실적 논리들이 만들어진다.

-스토리라인의 형성

오티티가 더 유행할수록, 넷플릭스의 비중이 더 커질수록 스토리의 중요성이 커지고 있다. 그것을 공부에 대입을 해보면 대화가 스토리 라인이 되기도 한다. 즉 대화의 저술인 플라톤과 소크라테스의 대화처럼 인공지능과 나의 대화를 저술로 담게 된다. 그것은 본론에 대한 것이다:

3. 좋은 변화로 바뀌는 학습 주변 여건들이 변화

-의미

책이나 기타 여러 가지 여건들이 이런 변화로 어떻게 달라지는지에 대해서 소개한다.

-교과서(문제집)의 변화

1) 기본 의미

부담을 주고 이거 언제다 보나 하는 존재에서 아 그래 이것도 결국에는 핵심의 싸움이고 그런 핵심이 잡혀지면 쉽게 전진하는구나 하는 생각이 들게 한다.

2) 단권화의 기능적 원리에 접근

 (1) 일단 단권화에 유리

그렇게 되면 단권화의 원리에 아주 충실히 가게 되는가? 그렇다 물리적 단권화를 뛰어 넘는 기능적 단권화는 학습자로서는 아주 환상의 세계다. 그렇게 가고 있다고 느낀다면 과목 정복과 합격은 따 놓은 당상이다.

 (2) 중복성 검토의 효율성

내용에 대한 이해가 깊어지고 강해지면 내용적 중복성 검토도 뛰어나져서 단권화도 실질적으로 잘 일어난다.

3) 무기화

다듬어진 실력 다듬어진 무기라는 말이 실감이 난다. 그래서 스스로 이 책들정도의 것이면 법조로 치면 연수원급이어서 대한민국 OO분야 기술로는 최고 등급인데 하고 생각을 하게 된다. 제대로의 OO 과목의 책을 갖고 다니는 셈이 된다.

4) 자꾸 더 연결시키고 싶고 더 밝혀보고 싶어 한다

고수들은 말한다. 지식이 도가 올라가면 결국 연결이 되는 것이라고 말이다. 그래서 그게 자꾸 밝혀내는 것 자꾸 연결시켜가는 것을 시도하게 되는 것이 된다. 새 지식들은 새로 분화되어서나오는 것이다.

-책에 있는 지식들의 가치

1) 박물관은 살아있다

영화 박물관을 살아있다를 보면 박물관의 전시물들이 밤에는 살아서 움직인다. 그것처럼 그간 평면적으로 생각한 자식들이 살아서 움직인다. 그래서 이런 지식들의 가치는? 하고 스스로 생각해보게 된다.

2) 지식덩어리의 변화

지식이 예를 들어서 OO법의 경우에 이렇게 하나 하나 풀리면서 전체적 장악은 내게 어떤 모습으로 다가오는가? 그것은 낱낱의 지식이 아주 유기성을 띄어서 결국 크게 덩어리로 와도 내가 버틸수 있다는 식으로 가게 된다

3) 마인드 맵에서의 유기성

마인드맵 공부기법을 보면 지식을 잇게 되는데 그것을 어떤 이들은 언제 저 이음을 다 외우지 하지만 지식이 이해도가 커지면 그런 유기성이 억지로 외우려 해서 외워지는게 아님을 알게 된다

4. 심리적으로 긍정적 변화가 찾아온다

-비유: 에이스 투수처럼

'내가 투수라면 저렇게 꽂아 넣을 수 있나' 하고 프로야구를 보면서 생각을 해본 사람들 많을 것이다. 이렇게 지식이 내 것이 되면 내가 에이스투수가 된 기분이 된다.

-심리적으로 갈등 없는 아침과 새벽을 맞는다

공부를 하면서 학습에 매진하면서 제일 힘든 시간이 새벽과 이른 아침이다. 저녁과 밤은 그렇게 가는데 특히 자고 일어나서는 불안감이 마구 올라온다. 그런데 이렇게 제대로 공부를 해놓으면 그런 갈등이 사라진다. 그래서 심리적으로 갈등 없는 아침과 새벽을 맞는다.

-열정을 계속 간직하게 가는 시스템

우리는 사람이기에 공부에 대한 열정은 수시로 바뀌는가하는 질문에 자신있게 계속 열정이 유지가 된다고만은 이야기를 할 수 없다. 그러기에 그런 열정을 계속 간직 할 수 있는 시스템이라면 참 좋을터인데 말이다. 내가 알면 더 열심히 하게 된다. 그런 나의 열정을 잘 담을수 있는 구조가 지금의 공부 시스템 구조라고 보면 된다.

-풀어나가는 심리의 발생

법률로 치면 판단 결과의 회의론에 내가 너무 많이 빠져있던 것도 사실인데 이런 식으로 해결을 해서 좀 잘 해쳐나갔다는 성공사례도 많이 수집된다.

5. 지식을 돌출 정도로 하려면 노래 암기가 최고다

-의미

우리가 거인의 어깨에 올라타는 셈이라고 잘 이야기를 하는데 이게 마치 그런 거인의 어깨에 올라타는 정점에 있다고 봐야 한다. 노래는 우리에게 잘 써먹으라고 팔 벌리고 있다. 말죽거리 잔혹사에서 현수하고 싶은 거 다 해 하는 김부선처럼 말이다.

-암기라는 게 보는 것만으로 되는 게 아니라서

당연한 이야기지만 자주 보기만 한다고 샤워하듯이 하기만 한다고 외워지는 게 아니다. 그래서 어떤 노력이 필요한데 그런 노력의 결정판으로서는 이제 중요하다.

-장점: 무에서의 유의 형성효로서는 세계 최강

특히 세법처럼 정말로 무에서 유를 형성해야 함이 큰 과목은 이렇게 해서 형성을 시키고 '오 박OO, 아주 대단한데'하고 스스로를 다독일 수 있다.

-장점: 가만히 틀어놓고 반복하는 편한 효과

가만히 틀어놓고 반복하는 편한 효과를 기대하는 게 가능한 것도 여기서의 장점이 된다. 특히 시험이 다가올수록 불안한데 이런 게 지식으로 나를 지지한다고 치면 위로 효과, 위로적 지지효과가 크다.

-장점: 그래도 칙칙한 수험생활 중에 운율이 가미되는 효과

그래서 아주 칙칙할 수 있는 수험생활, 학습생활에 운율이 가미되어서 양념적 효과가 된다.

-장점: 가장 가시적인 유형적인 공부

공부의 가장 힘든 점은 참 뭘 해도 나에게 나를 중심으로 나의 뇌를 중심으로 해서는 뭐가 남은 게 없다는 점이다.

-장점: 책 읽음이 훨씬 더 수월해지고 마음이 덜 쓸쓸하다

특히 무에서 유를 하는 과목의 경우에는 참 읽으면서도 '아이 씨, 이걸 읽으면서도 외워내야 하는데 그게 되나'하고 자책을 많이 하는데 노래가 수반이 되면 완전 암기가 되지 않아도 그래도 기분 좋게 좀 더 안도감을 가지고 책을 읽어내게 된다.

어떤 무엇을 하더라도 확인적 의미의 독서에서 즉 읽으면서 기억을 해내야 하는 독서에서 제일 좋은 방법이다.

-장점: 생활화적 공부

노래에 미친놈 같은 식으로 그야 말로 자나 깨나 공부가 가능하다.

-노래는 가급적 먼 노래보다는 자신의 애창곡을 위주로 한다

-그림하고 결부가 되어야 더 강한 효과를 가지고 온다

그림하고 내용이 결부가 되어야 더 강한 효과를 가지고 오게 되기에 서로 시너지를 노린다.

-노래를 잘 선정하는 것도 그 과목에 대한 실력과 혜안이 생겨서 그런 것이다

그렇게 붙이게 하기 위해서 노래를 잘 선정하는 것도 그 과목에 대한 실력이 생겨서 비례적으로 생기는 모습이다.

-비유: 곳곳에 깔린 지뢰들이 공격을 도와주는 느낌

아 많이 형성이 되었다. 폭탄들이 많이 도와 준다.

6. 8진법

-그림이 최종이다

연상의 최고봉은 그림이다. 그게 마땅한 적절한 것을 넣기가 그래서 그렇지 말이다. 그러나 우리가 어차피 일반적이고 딱딱한 것을 외우기 위해서 별개 개념이 필요하다면 이렇게 그림을 차용해서 외움은 아주 좋다. 즉, 중간과 중간이 연결이 되어서 최고조로 간다.

이러면 지식에 특히 그냥 활자화된 지식에 만개의 꽃을 피우게 되는 셈이 된다.

로마인들은 위대했다. 그냥의 상상속의 그림과 진짜로 존재하는 그림은 천지차이이다. 영원하라 로만이여 영원하라 로마인들이여

공부라는 컴퓨터에 그래픽 카드를 달아서 날개를 달아가는 셈이다.

글자로만 공부하는 것과 비교하면 픽셀로는 거의 100배의 것을 활용하고 그만큼 노력이 감쇄되고 하는 것이다.

-뇌의 이중성에 가장 잘 맞는다

뇌는 기억하려고도 하고 까먹으려고도 한다는 사실이다. 안 까먹으면 터져 버리는 게 뇌이다.

-그림이 사고를 전진시키고 사고를 확장시킨다

그림이 사고를 전진시키고 사고를 확장시킨다. 바로 그것을 전진시키는 그림이라도 붙여야 한다.

-전혀 안 쓰던 뇌의 영역을 쓰는 셈이어서 좋다

-8진법과 이어져서 그림과 그림간의 연결 히어라키를 노린다

이게 맞다면 8진법만으로 하기에는 무리가 있음을 스스로 인정한 셈이다.

-그림의 개수가 합격과 관련한 심적 안정의 지수를 증가시킨다

-두문자의 최대약점인 이게 어디에 쓰는 건지 모르겠다의 극복

그림을 잘 사용해서 그게 어디서 나온건지 모르겠다는 최대한 해소한다. 그것은 두문자의 최대 문제점이다.

-비유: 기억의 바벨탑 쌓기

비유적으로 이야기를 하면 이런 식으로 해서 바벨탑 쌓듯이 하는 것이다.

-무조건 열심히 한다고만 암기가 되는 거 아니다

하수들은 무조건 적극적으로 하자고만 했다. 그러나 시스템이 중요하다.

정말로 안 들어가는데 그렇게 들어가는 그렇게 끼우는 대단한 방법을 알아낸 것이 이것에 해당한다. 이런 식의 것은 회계학 같은 어려운 과목에서도 적용이 되게 된다.

-밑이 어려워서 공부가 어려운거다

-공부는 말이다

공부는 말이다. 결국 또 보니 말말말인데 시퀀스적 운율적 말이 중요하다.

-시간순삭도 좋다

과거에는 밑 빠진 독에 물붓기로 써야 할 시간이 많았는데 말이다.

-그림이 한 몸으로 되는 게 중요하다

그림이 흐트러지면 안 된다. 자연스러운 연상을 노리게 그림이 한 몸으로 되는게 중요하다.

-한 몸으로 표현하든지 강력한 연쇄관계로 표현하든지

한 몸으로 해서 한 덩어리로 표현을 하든지 아니면 강력한 연쇄관계로 표현하든지 해서 강하게 효과를 가지고 오게 해야 한다.

-하이브리드덩어리를 통해서 머리가 바꿔지는 게 최종의 모습

그간의 세상질서와는 좀 다른 이어진 질서로 채워진 머리를 만들어야 한다. 어차피 시험이 그간의 생활질서와는 틀리거나 다른 게 아닌 좀 무관한 것을 가지고 외움을 강요하니 우리도 그에 버티고 대항하기 위해서 이렇게 한다. 남들도 그것을 버티는 방법 중의 하나가 두문자다.

그러니 나도 새롭게 또 외워야 할 게 나오면 다른 생활요소시퀀스를 가지고 와서 대항을 하게 한다.

그런데 그렇게 다른 것을 채우는 게 그냥은 안 되니 행동강령인 파일이 존재해야 하고 그 파일도 정적 성격을 가지니 그것에 동적 성격을 부여하기 위해서 살아있는 덩어리라고 표현을 한다. 즉 책과의 별개의 유형적 성격을

가지고 있음을 보여주기 위해서 살아있는 덩어리라고 한다.

-하이브리드가 되면서 지식이 무에서 유 생명체적 지식이 된다

무엇이든지 살아있는 게 좋잖아하는 마음으로 접근을 해본다. 학습자인 내가 살아있는 게 좋음을 활용하자. 그래서 몸이 기억하는 공부가 되기도 한다. 마치 비유적으로 춤판 벌이기 덩어리는 수화처럼 몸짓과 몸이 기억하는 공부가 되는 게 좋다.

-인간의 도리로서의 제대로 공부가 된다

문제를 푼다고 할 때의 인간은 풀어서의 인간이다. 그래서 인간의 도리로서의 제대로 인간으로서 공부가 된다. 만약에 랜덤하게 본다고 해도 자신의 정신만 제대로 붙들고 있으면 풀이는 이뤄지게 된다. 이 인간의 도리는 학습자로서의 도리이다.

-누수를 채우는 반복도 의미 있는 반복이 된다

-종합이 된 게 대략 50퍼센트 목표치로 해서 기억남을 목표로 한다

-인과응보적이라서 노력을 해야 결과가 나온다

-쌍극자암기와의 관련성

쌍극자 암기도 결국에는 뭔가의 하나를 해서 그 특징으로 쌍극자를 연결해서 잡기였다. 그게 좀 더 난이도가 있으면 거기에 인물을 붙여서 강화를 시키고 좀 더 난이도가 있다면 히어라키 적으로 해서 노래를 한다. 다만 그 노래의 구조는 이렇게 잡는 게 이상적이다. 이 구성의 전제는 잊을 수도 있다는 점이다. 그래서 계속 노력이 필요하다는 점이다.

7. 전문 공부

-전문 공부의 의미

자격증을 딴 전문가이거나 아니면 그 아래에서 같이 일하는 실장 등의 전문사무원들은 자기분야의 그것도 아주 좁은 분야만 알지 그 이상을 가면 잘 모른다. 그래서 그런 전문 공부가 중요하다.

-세상이 어지러울수록 자기공부가 최고다

세상이 아주 어지러이 가고 있다. 어지러울수록 자기 공부가 최고다 . 그게 제일 남는 것이기 때문이다

-전문공부일수록 효율적으로 해야 한다

시간들이 없지 않은가? 그러니 더욱더 효율을 노려야 한다. 바쁘지 않은 전문가 바쁘지 않은 전문사무원은 없다. 그러니 그런 사람들의 전문 공부일수록 더욱더 효율을 높여야 한다.

-전문 지식은 꺼내 쓴다의 논리

법조계를 접하지 못한 사람들의 입장에서는 법조인들을 보면서 '와, 그 많

은 방대한 법을 어떻게 다 알고 남을 위해서 상담을 해주고 하지?'하고 생각한다. 그러나 법조계에 입문을 하면 제일 먼저 배우는 사실이 그 많은 방대한 지식을 다 머리에 담는 게 아니라 필요할 때 꺼내서 쓴다는 게 핵심이라는 사실이다. 그렇게 전문지식은 꺼내서 쓰는 것 이지 다 담아두는 게 아니기에 공부의 효율성은 더욱더 필요하다.

-전문 공부일수록 이런 포인트를 봐야 한다

그렇겠구나 하는 것은 문제가 안 되고 그건 좀 그런데 내지는 그건 좀 아닌데 하는게 포인트이다. 수험 때도 그렇지만 결국 판시 등의 암기에서 가장 문제는 바로 자신이 그간 가진 자연법에 어긋나는 경우이다. 거기를 잘 포착해서 봐야 하고 내 것으로 넣어야 한다.

-당연한 것과 다소 또는 그 이상 당연하지 않게 다가오는 것을 체크해야 한다

읽어서 조금씩만 지식이 쌓여도 '그것은 그렇겠구나'하고 당연하게 느껴지는 것과 그렇지 않고 '어 이것은 왜 이렇게 되지?;하고 당연하지 않게 생각되는 것을 구변하는 게 가장 중요한 포인트가 된다.

-여백에 필기를 하는 경우에도 그 당연하지 않음 생각해볼 여지가 있음이 관건이다

많은 학습자들이 여백에 필기를 해서 집어넣거나 적어 넣는다. 그런 적어넣은 내용으로서 가장 와야 할 것은 바로 당연하지 않는 내용에 대한 지적 즉, 그런 포인트를 찾아내는 것과 그것을 어떤 식으로 처리해서 내 것으로 할지에 대한 것들이다. 그렇게 치면 결국 책은 원래부터 인쇄되어 있는 부분과 학습자인 내가 적어서 나오게 하는 부분들로 나눠지게 되는데, 인쇄되어 있는 것이야 당연히 진리이고 기지(기지)의 사실로 받아들여지니까 제시가 될 터이니 그게 결합이 된 게 바로 종합적으로 그 해당 분야나 해당과목의 총합적 사실로 다가온다.

-전문 공부에서도 암기를 해야만 공부한 게 남는다

여러분들이 다른 전문분야를 공부해서 남들에게 보여줄 때도 그게 결국에는 '체화'가 되어야 의미가 있다. 그냥 입에서 머리에서 우물우물하는 지식으로는 의미가 없다.

-외워야 내 지식으로 남고 남들에게도 보여진다
남들에게 보여주고 남들에게 인정받는 그런 지식이 되기 위해선 절대적으로 암기가 되어야 한다. 그것을 도와주려고 필자는 애를 쓸 것이다.

-암기는 늘 숙제

암기는 수험에서도 큰 숙제인데 전문 공부를 함에도 내가 외울 것인가? 외운다면 어디까지 외우고 결심을 할 것인가는 아주 문제이다. 그래서 그에 대한 도움이 필요하다.

-가장 효율적으로 외우게 하기

필자는 가장 검증된 방식으로 가장 쉽게 외우게 하는 도움을 줄 것이다. 특히 앞서 말한 지식은 꺼내 쓰는 것과의 조화적으로 얼마까지를 외우고 얼마는 외우지 않고 가는가는 참으로 중요한 부분으로 계속 작용한다.

-전문공부에의 암기가 더욱더 어려운 이유는 용어가 어렵기 때문이다

용어가 어려움은 그 분야의 전문성을 표상한다. 물론 그것은 진입장벽처럼 그 분야에서의 현학적 요소도 가지고는 있으나 그에 대해서 의미가 크게 온다. 그것을 잘 돌파해야 한다.

-전문 공부에서의 아주 쉽게 암기하는 법

(1) 친숙도를 늘려라

친숙도를 늘리는 게 중요하다. 물론 모든 공부의 과정은 다 반복을 통해서 친숙도를 늘리지만 그것을 어떻게든 더 고속화 하는 게 관건이다. 용어가 어렵고 구가상황이 어렵다면 더욱이나 친숙도를 높이는 것은 아주 중요하

다.

(2) 시퀀스활용

시퀀스란 이어짐이다. 순서이기도 하고 말이다. 그런 이어짐과 순서가 잘 연결이 되어야 뭔가의 성과가 나온다. 암기도 결국 이어짐이니 말이다.

뭔가 잘 술술 연결이 되면, 그게 시퀀스다. 우리가 뭔가 생활에서도 이야기가 술술 연결이 잘되는 경우가 있다. 그게 바로 시퀀스다. 그래서 그것을 이용하면 학습이 용이하다. 텔레비전에서의 오락프로를 봐도 쿵쿵따 쿵쿵따 하면서 말이 끝말잇기 식으로 잘 연결이 됨을 볼 것이다. 그게 바로 시퀀스다.

혼자서 전문지식을 읽을 때에도 필자를 만나기전에 여러분들이 혼자서 전문지식을 읽을 때에도 뭔가가 그 부분만큼은 시퀀스에 의해서 흘러가는 것이 된다.

(3) 인문사회지식 총동원

이런 전문 공부가 어려운 것은 용어의 문제도 있지만 동류화가 되지 않은 지식들을 동류화 하는 가운데에서 머리에 담아둬야 하는 측면이 아주 크다. 그러기에 그럴 때는 거의 유일한 해법이 있다. 바로 자신이 아는 모든 인문사회적 기타 지식들을 총동원해서 암기를 하는 것이다. 어찌보면 수험생들이 가장 많이 쓰는 두문장암기 같은 것도 그런 것인데 그것은 그래도 아주 가장 초보적인 형태로 봐야 한다. 그런 인문사회적 지식을 가지고 암기를 하고 이해도를 높이는 것이 필자가 여러분들에게 해줄 수 있는 도움 중의 하나이기도 하다.

(4) 내 머리 안에서 복기가 되게 한다

결국 전문지식이 발현이 되기 위해서는 남들에게 시각이나 청각으로 가게 해야 한다. 그러려면 자신이 먼저 그 지식들에 능해야 한다. 그래서 그게 내 머리 안에서 복기가 되게 한다고 보면 된다.

내 입에서 나와야 한다. 그게 차고 넘치면 결국은 나의 입에서 나와야 한다. 그것의 단계까지 안가면 머릿 속의 음성으로 그야 말로 '뇌입'으로라도 나와야 한다.

우리 책은 포인트는 지정의 식이다. 아주 두툼한 개론서가 아니라 그 개론서를 잘 보게 하는 것이다. 우리 책은 어느 분야의 타지식을 익히게 하기 위한 두터운 지식의 책이 아니라 그 지식에서 가장 엑기스가 되는 부분을 어떻게 이해를 할까에 대해서 제시를 해주는 책이다.

도 서 명: 경남도공무원을 위한 민사집행법 최근 쟁점들 쉽게 이해하기
저　　자: 자격증수험연구회
초판발행: 2025년 06월 20일
발　　행: 수학연구사
발 행 인: 박기혁
등록번호: 제2020-000030호
주　　소: 서울특별시 영등포구 버드나루로 130 1층 104호(당산동, 강변래미안)
Tel.(02) 535-4960　Fax.(02)3473-1469

Email. kyoceram@naver.com

수학연구사 Book List

9001 고1,고2 내신 수학은 따라가지만 모의고사는 망치는 학생의 수학 문제 해결법
저자 수학연구소 / 19,500

9002 이공계 은퇴자와 강사를 위한 수학 과학 학습상담센터 사업계획 가이드
저자 수학연구소 / 19,500

9003 고3 재수생 수능 수학 만점, 양치기를 어떻게 바라보고 극복할 것인가
저자 수학연구소 / 19,500

9004 대학생들이 세상에서 가장 효율적으로 일본어를 정복하는 방법
저자 최단시간일본어연구회 / 19,500

9005 프랑스어를 꼭 공부해야 하는 대학생들이 쉽게 어려운 단어를 외우는 방법
저자 최단시간프랑스어연구회 / 19,500

9006 중국어를 빠르게 배우고 싶은 해외 파견 공무원들을 위한 책
저자 최단시간중국어연구회 / 19,500

9007 변리사들이 효율성 높게 일본어를 익히는 법
저자 변리사실무연구회 / 19,500

9008 세무사가 업무상 필요한 일본어 청취를 빠르게 습득하는 법
저자 세무사실무연구회 / 19,500

9009 심리상담사가 프랑스어 단어를 빠르게 익히는 방법
저자 상담심리실무연구회 / 19,500

9010 업무용 일본어 듣기의 효율성을 높이는 법: 해외파견공무원용
저자 공무원실무연구회 / 19,500

9011 관세사들이 스페인어 단어를 쉽고 빠르게 외우는 법
저자 관세사실무연구회 / 19,500

9012 스페인어 리스닝을 쉽게 하는 법: 해외파견금융기관직원을 위한 책
저자 금융실무연구회 / 19,500

9013 관사세가 알면 좋을 프랑스어 단어를 효율적으로 외우는 법
저자 관세사실무연구회 / 19,500

9014 법조인이 알면 좋을 스페인어 단어를 빠르게 익히는 법
저자 법조인실무연구회 / 19,500

9015 법조인이 알면 좋을 스페인어 단어를 빠르게 익히는 법
저자 법조인실무연구회 / 19,500

9016 미용 뷰티업계에서 알면 좋을 이탈리아어 단어 빠르게 외우는 법
저자 뷰티실무연구회 / 19,500

9017 간호대학생과 간호사 의학용어시험 만점! 심장순환계통단어 암기법
저자 의학수험연구회 / 19,500

9018 항공공항업계에서 알면 좋을 스페인어 단어 스피드 암기법
저자 항공공항실무연구회 / 19,500

9019 약사와 약대생을 위한 의학용어 만점암기법_ 심장순환계와 근육계
저자 의학수험연구회 / 19,500

9020 한의사와 한의대생을 위한 양의학용어 암기법_ 호흡기와 감각기
저자 의학수험연구회 / 19,500

9021 의료변호사를 위한 의학용어 암기법_ 소화기와 비뇨기
저자 의학수험연구회 / 19,500

9022 건강보험공단 직원과 취준생을 위한 의학용어 암기법_ 감각기와 호흡기
저자 의학수험연구회 / 19,500

9023 간호사 국가고시 합격기간 단축하기_ 1교시 성인간호, 모성간호
저자 의학수험연구회 / 19,500

9024 건강보험공단 직원과 취준생을 위한 의학용어 암기법_ 감각기와 호흡기
저자 의학수험연구회 / 19,500

9025 수의사와 수의대생을 위한 의학용어 암기법_ 근골계와 심장순환계
저자 의학수험연구회 / 19,500

9026 식품위생직, 식품기사 시험을 위한 식품미생물 점수 쉽게 따기
저자 식품위생연구회 / 19,500

9027 영양사 시험 스피드 합격비법_ 1교시 영양학, 생화학, 생리학 중심
저자 영양사시험연구회 / 19,500

9028 영양사 시험 스피드 합격비법_ 2교시 식품학, 식품위생 중심
저자 영양사시험연구회 / 19,500

9029 6급 기관사 해기사 자격 시험 스피드 합격비법
저자 해기사시험연구회 / 19,500

9030 재배학개론 농업직 공무원시험 스피드 합격비법
저자 공무원시험연구회 / 19,500

9031 식용작물학 농업직 공무원시험 스피드 합격비법
저자 공무원시험연구회 / 19,500

9032 수능 지구과학1 입체적 이해로 만점 받기
저자 수능시험연구회 / 19,500

9033 건축구조 건축직 공무원 시험 교과서 술술 읽히게 하는 책
저자 공무원시험연구회 / 19,500

9034 위생관계법규 조문과 오엑스 조리직 공무원시험
저자 공무원시험연구회 / 19,500

9035 자동차구조원리 운전직 공무원 시험 교과서 술술 읽히게 하는 책
저자 공무원시험연구회 / 19,500

9036 수의사와 수의대생을 위한 의학용어_ 암기법 소화기와 비뇨기
저자 의학수험연구회 / 19,500

9037 도로교통사고 감정사 1차 시험 교과서 술술 읽히게 하는 책
저자 자격증수험연구회 / 19,500

9038 위험물산업기사 필기시험 교과서 술술 읽히고 암기되게 하는 책
저자 자격증수험연구회 / 19,500

9039 소방관계법규 조문과 오엑스 소방직 공무원시험
저자 공무원시험연구회 / 19,500

9040 양장기능사 필기시험 교과서 술술 읽히고 암기되게 하는 책
저자 자격증수험연구회 / 19,500

9041 섬유공학 패션의류 전공자가 섬유가공학 술술 읽고 학점도 잘 받게 해주는 책
저자 섬유공학패션연구회 / 19,500

9042 의류복식사 술술 읽고 학점 잘 받게 해주는 섬유공학 패션의류 전공자를 위한 책
저자 섬유공학패션연구회 / 19,500

9043 반도체장비유지보수 기능사 필기 교과서 술술 읽히고 암기되게 하는 책
저자 자격증수험연구회 / 19,500

9044 4급 항해사 해기사 자격 수험서 술술 읽히고 암기되게 하는 책
저자 자격증수험연구회 / 19,500

9045 접착 계면산업 관련 논문 특허자료 술술 읽히고 암기되게 하는 책
저자 접착계면산업연구회 / 19,500

9046 재수삼수 생활로 점수 올려 대입 성공한 이야기
저자 오답노트컨설팅클럽 / 19,500

9047 치위생사 국가시험 수험서 술술 읽히고 암기되게 하는 책
저자 자격증수험연구회 / 19,500

9048 치위생사 국가시험 수험서 술술 읽히고 암기되게 하는 책_ 2교시 임상치위생처치 등
저자 자격증수험연구회 / 19,500

9049 가스산업기사 필기시험 수험서 술술 읽히고 암기되게 하는 책
저자 자격증수험연구회 / 19,500

9050 응급구조사 1,2급 시험 수험서 술술 읽히고 암기되게 하는 책
저자 자격증수험연구회 / 19,500

수학연구사 Book List

9051 떡제조기능사 시험 수험서 술술 읽히고 암기되게 하는 책
저자 자격증수험연구회 / 19,500

9052 임상병리사 시험 수험서 술술 읽히고 암기되게 하는 책
저자 자격증수험연구회 / 19,500

9053 의료관계법규 4대법 조문과 오엑스 뽀개기 의료기술직 공무원시험
저자 공무원시험연구회 / 19,500

9054 간호학 전공자가 간호미생물학 술술 읽고 학점도 잘 받게 해주는 책
저자 간호학연구회 / 19,500

9055 간호사 국가고시 합격기간 단축하기_ 2교시 아동간호, 정신간호 등
저자 의학수험연구회 / 19,500

9056 도로교통법규 조문과 오엑스 뽀개기 운전직 공무원시험
저자 공무원시험연구회 / 19,500

9057 전기공학부생들이 시험 잘 보고 학점 잘 따는 법
저자 기술튜터토니 / 19,500

9058 간호대학생들이 약리학을 쉽게 습득하는 학습법
저자 간호학연구회 / 19,500

9059 의치대를 목표하는 초등생자녀 이렇게 책 읽고 시험 보게 하라
저자 의치대보낸부모들 / 19,500

9060 지적관계법규 조문과 오엑스 뽀개기 지적직 공무원시험
저자 공무원시험연구회 / 19,500

9061 방송통신대 법학과 학생이 학점 잘 받게 공부하는 법
저자 법학수험연구회 / 19,500

9062 공인중개사 1차 시험 쉽게 합격하는 학습법
저자 법학수험연구회 / 19,500

9063 기술직 공무원 시험 쉽게 합격하는 학습법
저자 공무원시험연구회 / 19,500

9064 독학사 간호과정 공부 쉽게 마스터하기
저자 간호학연구회 / 19,500

9065 주택관리사 시험 빠르게 붙는 방법과 노하우
저자 자격증수험연구회 / 19,500

9066 비로스쿨 법학과 대학생들을 위한 공부 방법론
저자 법학수험연구회 / 19,500

9067 기술지도사 필기시험 빠르고 쉽게 합격하는 학습법
저자 자격증수험연구회 / 19,500

9068 감정평가사 시험 스트레스 낮추고 빠르게 최종 합격하는 길
저자 자격증수험연구회 / 19,500

9069 의무기록사 시험 합격을 위한 의학용어 암기법_ 순환계와 근골계
저자 의학수험연구회 / 19,500

9070 의무기록사 시험 합격을 위한 의학용어 암기법_ 소화기와 비뇨기
저자 의학수험연구회 / 19,500

9071 감정평가사 2차 합격을 위한 서브노트의 필요성 논의와 공부법
저자 자격증수험연구회 / 19,500

9072 감정평가사 민법총칙 최단시간 공부법과 문제풀이법
저자 자격증수험연구회 / 19,500

9073 게임 IT업계 직원이 영어를 빠르게 듣고 말할 수 있는 방법
저자 최단시간영어연구회 / 19,500

9074 IT 게임업계 직원이 효율적으로 빠르게 일본어를 습득하는 법
저자 최단시간일본어연구회 / 19,500

9075 게임회사 IT업계 직원이 프랑스어 단어를 빨리 익히는 법
저자 최단시간프랑스어연구회 / 19,500

9076 경영지도사가 빠르고 효율적으로 중국어를 배우는 법
저자 최단시간중국어연구회 / 19,500

9077 유튜버가 일본어 청취를 빠르게 익히는 방법
저자 최단시간일본어연구회 / 19,500

9078 법조인들이 알면 좋은 프랑스어 단어를 빠르게 익히는 법
저자 최단시간프랑스어연구회 / 19,500

9079 경영지도사에게 필요한 스페인어 단어 빠르게 익히기
저자 최단시간스페인어연구회 / 19,500

9080 일본어 JLPT N4, N5 최단시간에 합격하는 법
저자 최단시간일본어연구회 / 19,500

9081 관세사에게 필요한 이탈리아어 단어 빠르게 익히기
저자 최단시간외국어연구회 / 19,500

9082 일본 관련 사업을 하는 중개사를 위한 효율적인 일본어 듣기법
저자 최단시간외국어연구회 / 19,500

9083 일본 취업 준비생을 위한 일본어 리스닝과 단어 실력 빠르게 올리는 방법
저자 최단시간외국어연구회 / 19,500

9084 관세사에게 필요한 중국어 빠르게 습득하는 법
저자 최단시간외국어연구회 / 19,500

9085 누적과 예측을 통한 영어 말하기와 듣기 해답_ 해외진출자를 위한 책
저자 최단시간외국어연구회 / 19,500

9086 스페인어를 공부해야 하는 대학생들이 빠르게 단어를 숙지하는 법
저자 최단시간외국어연구회 / 19,500

9087 취업 준비 대학생은 인생 자격증으로 공인중개사 시험에 도전하라
저자 자격증수험연구회 / 19,500

9088 고경력 은퇴자에게 공인중개사 시험을 강력 추천하는 이유와 방법론
저자 자격증수험연구회 / 19,500

9089 효율적인 4개 국어 학습법과 외국어 실력 올리는 방법
저자 최단시간외국어연구회 / 19,500

9090 여성들의 미래대안 공인중개사 시험 도전에 필요한 공부 가이드
저자 자격증수험연구회 / 19,500

9091 해외파견근무직원들이 이탈리아어 단어 빠르게 익히는 방법
저자 최단시간외국어연구회 / 19,500

9092 영어 귀가 뻥 뚫리는 리스닝 훈련법
저자 최단시간외국어연구회 / 19,500

9093 열성아빠를 위한 민사고 졸업생의 생활팁과 우수 공부비법
저자 교육연구회 / 19,500

9094 유초등 아이 키우는 열정할머니를 위한 민사고 생활팁과 공부가이드
저자 교육연구회 / 19,500

9095 심리상담사가 일본어를 쉽게 배울 수 있는 노하우와 팁
저자 최단시간외국어연구회 / 19,500

9096 법조인을 위한 들리는 소리에 집중하는 외국어 리스닝과 단어 훈련법
저자 최단시간외국어연구회 / 19,500

9097 관세사를 위한 문법 상관없이 받아 듣고 적는 외국어 학습법
저자 최단시간외국어연구회 / 19,500

9098 민사고에 진학할 똑똑한 중학생을 위한 민사고 공부팁과 인생 이야기
저자 교육연구회 / 19,500

9099 해외파견근무직원들을 위한 프랑스어 단어 쉽게 배우기
저자 최단시간외국어연구회 / 19,500

9100 해외파견근무직원들이 일본어를 쉽고 빠르게 공부하는 방법
저자 최단시간외국어연구회 / 19,500

수학연구사 Book List

9101 대학생들이 이탈리아어 단어 쉽고 빠르게 익히는 법
저자 최단시간외국어연구회 / 19,500

9102 뷰티 화장품 업계에서 알면 좋을 스페인어 단어 쉽게 익히기
저자 최단시간외국어연구회 / 19,500

9103 민사고 진학에 갈등을 느끼는 딸바보 아빠를 위한 인생 조언과 공부법
저자 교육연구회 / 19,500

9104 유튜버를 위한 영어 리스닝과 스피킹 실력 빠르게 올리는 법
저자 최단시간외국어연구회 / 19,500

9105 해외파견직들을 위한 문법 없이 어학 공부하는 방법
저자 최단시간외국어연구회 / 19,500

9106 변리사가 프랑스어 단어를 쉽고 빠르게 배우는 법
저자 최단시간외국어연구회 / 19,500

9107 법조인이 알면 좋을 중국어 스피드 습득법
저자 최단시간외국어연구회 / 19,500

9108 임용고시 합격하려면 고시 노장처럼 공부하지 마라
저자 임용고시연구회 / 19,500

9109 임용고시 합격을 위한 조언_ 공부로 생긴 스트레스 공부로 풀어라
저자 임용고시연구회 / 19,500

9110 가맹거래사 시험 법학에 자신이 없는 사람들이 꼭 봐야 할 합격법
저자 자격증수험연구회 / 19,500

9111 가맹거래사 책이 쉽게 이해되지 않는 사람들을 위한 수험전략 가이드
저자 자격증수험연구회 / 19,500

9112 항공 및 공항 업계에서 알면 좋을 이탈리아어 단어 효율 암기법
저자 최단시간외국어연구회 / 19,500

9113 은퇴자를 위한 외국인과 만나는 게 즐거운 영어 리스닝 방법
저자 최단시간외국어연구회 / 19,500

9114 항공과 공항업계인을 위한 일본어 듣기와 단어 청크 단위 학습법
저자 최단시간외국어연구회 / 19,500

9115 유튜버가 프랑스어 단어에 쉽게 접근하고 익히는 법
저자 최단시간외국어연구회 / 19,500

9116 대학생이 필요한 스페인어 청취를 빠르게 습득하는 법
저자 최단시간외국어연구회 / 19,500

9117 해외파견직들을 위한 스페인어 단어 스피드 학습법
저자 최단시간외국어연구회 / 19,500

9118 관세사를 위한 직청직해 소리단어장 다국어 훈련법
저자 최단시간외국어연구회 / 19,500

9119 경비지도사 처음 도전하는 사람들이 꼭 알아야 할 시험 접근법
저자 자격증수험연구회 / 19,500

9120 유튜버가 이탈리아어 단어 효율적으로 익히는 방법
저자 최단시간외국어연구회 / 19,500

9121 관세사가 빠르고 쉽게 일본어 실력 올리는 법
저자 최단시간외국어연구회 / 19,500

9122 영어가 부족한 법조인을 위한 리스닝과 스피킹 효율 학습법
저자 최단시간외국어연구회 / 19,500

9123 미용 뷰티업계에서 알면 좋을 일본어 쉽게 접근하는 법
저자 최단시간외국어연구회 / 19,500

9124 대학생을 위한 외국어 공부법_ 문법은 버리고 소리에 집중하자
저자 최단시간외국어연구회 / 19,500

9125 심리상담사가 스페인어 단어를 효율적으로 배우는 방법
저자 최단시간외국어연구회 / 19,500

9126 대학생을 위한 다양한 외국어 쉽게 접근하게 해주는 가이드
저자 최단시간외국어연구회 / 19,500